El bestseller del *New York Times* que mantuvo el puesto #1 por doce semanas… Más de un millón de copias vendidas… el manifiesto conservador de Mark R. Levin. *Libertad y tiranía,* ¡ha arrasado con Estados Unidos!

"El libro necesario de la era Obama".

—Jef

"*Libertad y tiranía* no puede ser más relevante o importante. Es una declaración imperiosa de principios conservadores que es concisa y a su vez exhaustiva… bien pensada y profunda pero de fácil lectura… oportuna y atemporal. No ha habido un manifiesto tan ampliamente leído como este desde *The Conscience of a Conservative* de Barry Goldwater en 1960… Si esta nación ha de repeler la carga de la administración actual hacia un socialismo que esclaviza y empobrece, debe volver a reclamar sus principios fundacionales, tal cual se expone de manera brillante en este libro".   —David Limbaugh, Townhall.com

"Un convincente manual sobre los principios más básicos del orden político estadounidense".   —Gary L. McDowell, *American Thinker*

"Este es simplemente el libro más importante de nuestro tiempo".

—Scott Miller, *The Conservative Post*

"Confiere poder, atrapante y revelador… *Libertad y tiranía* es un testamento tanto a la potencial grandeza como a la potencial extinción de este gran país tal cual lo conocemos".

—Jedediah Bila, Conservative Examiner.com

Este título también está disponible como ebook y de
Simon & Schuster Audio, leído por el autor en inglés.

"Un manifiesto conservador inquebrantable, escrito por un conservador que no busca convertir la marca o el envase del conservatismo en el del liberalismo. Levin se basa en principios fundamentales, no en sondeos, para trazar la agenda para la Derecha —y para iluminar las fallas mortales del estatismo". —Michelle Malkin, colaboradora de Fox News

"*Libertad y tiranía* es Mark Levin: un hombre que ama a su familia y a su país, y que cree en que las ideas tienen consecuencias —y por lo tanto luchará con pasión por lo que cree, y sabe, es verdad".
—Kathryn Jean Lopez, *National Review*

"Cuento con que *Libertad y tiranía* se seguirá imprimiendo por décadas. Padres responsables lo comprarán para sus inteligentes hijos durante sus años de estudiantes. Activistas conservadores lo releerán para recargar sus baterías políticas". —Morton Blackwell, The Leadership Institute

"Un libro magníficamente útil… Es vital que lo lean aquellos que no se consideran conservadores, porque traza con cuidado la relación central histórica, filosófica y constitucional entre los principios conservadores y nuestra libertad individual". —Tony Blankley, *The Washington Times*

"Es una anomalía que un libro importante llegue en su momento perfecto. Ese es el caso de *Libertad y tiranía*… En contra de la corriente, Levin ofrece no tanto una defensa sino más bien un plan de ataque, un llamado de clarín para reanudar el mar de cambio".
—Andrew C. McCarthy, *The New Criterion*

"Esto tiene la respuesta a todo lo que te has preguntado sobre ti mismo, y por qué crees lo que crees". —Rush Limbaugh

LIBERTAD

Y

TIRANÍA

UN MANIFIESTO CONSERVADOR

Mark R. Levin

THRESHOLD EDITIONS

NUEVA YORK   LONDRES   TORONTO   SÍDNEY   NUEVA DELHI

Threshold Editions
Una división de Simon & Schuster, Inc.
1230 Avenida de las Américas
Nueva York, NY 10020

Copyright © 2009 por Mark R. Levin
Copyright de la traducción © 2012 por Simon & Schuster, Inc.
Traducción del inglés por Cecilia Molinari
Originalmente publicado en inglés como *Liberty and Tyranny*

Todos los derechos están reservados, incluido el derecho de reproducción
total o parcial en cualquier forma. Para obtener cualquier información diríjase a:
Threshold Books Subsidiary Rights Department,
1230 Avenida de las Américas, Nueva York, NY 10020.

Primera edición en rustica de Threshold, enero 2013

THRESHOLD y su colofón son sellos editorials de Simon & Schuster, Inc.

Para obtener información respecto a descuentos especiales en ventas al por mayor,
diríjase a Simon & Schuster Special Sales al 1-866-506-1949
o a la siguiente dirección electrónica: business@simonandschuster.com.

La Oficina de Oradores (Speakers Bureau) de Simon & Schuster
puede presentar autores en cualquiera de sus eventos en vivo.
Para más información o para hacer una reservación para un evento,
llame al Speakers Bureau de Simon & Schuster, 1-866-248-3049
o visite nuestra página web en www.simonspeakers.com.

Diseñado por Joy O'Meara

Impreso en los Estados Unidos de América

1   3   5   7   9   10   8   6   4   2

ISBN 978-1-4767-0757-0
ISBN 978-1-4767-0758-7 (ebook)

Para mi familia y mis compatriotas

AGRADECIMIENTOS

Un agradecimiento especial a mi esposa Kendall y a mis hijos Lauren y Chase, por su amor, apoyo y paciencia a través de este largo proceso; y a mis padres Jack y Norma, y a mis hermanos Doug y Rob, quienes siempre me han alentado en todo lo que hago.

Quiero agradecer a Eric Christensen por sus varias e invaluables contribuciones a través de este proyecto, y a David Limbaugh por su buen juicio y sus sabios consejos. Gracias también a mis colegas Richard Hutchison, Michael O'Neill y Matthew Forys por su gran perspicacia y su ayuda investigativa. Mi editor, Mitchell Ivers de Simon & Schuster, siempre mejora mis libros. Y a mis amigos Rush Limbaugh, Sean Hannity y Ed Meese por su inspiración y apoyo constante.

También quiero reconocer a los campeones de la libertad —los grandes filósofos, eruditos, visionarios y estadistas— sobre cuyos hombros nos paramos todos; los guerreros héroes que dieron a luz a Estados Unidos y la siguen protegiendo; y a los estadounidenses, quienes han contribuido tanto a la humanidad.

CONTENIDO

Todos declaramos por la libertad, pero al usar la misma palabra, no todos queremos decir lo mismo. Para algunos, la palabra libertad puede significar que cada hombre hace lo que quiere consigo mismo, y el producto de su trabajo; mientras que para otros, la misma palabra puede significar que algunos hombres hacen lo que quieran con otros hombres, y el producto del trabajo de los otros hombres. Aquí yacen dos cosas, no solo diferentes, sino incompatibles, llamadas lo mismo: libertad. Y se deduce que cada una de esas cosas son, por los respectivos partidos, llamadas por dos nombres diferentes e incompatibles: libertad y tiranía.

—ABRAHAM LINCOLN, 1864

PRÓLOGO

UN MANIFIESTO CONSERVADOR

HOY EN DÍA, Estados Unidos está tan lejos de su principios fundadores que es difícil describir precisamente la naturaleza del gobierno estadounidense. No es estrictamente una república constitucional porque la Constitución ha sido y continúa siendo fácilmente alterada por una oligarquía judicial que mayormente hace cumplir, sino expandir, la agenda del Estatista. No es estrictamente una república representativa porque muchos edictos son producidos por un laberinto de departamentos administrativos que el público desconoce y están desconectados de su sentimiento. No es estrictamente una república federal porque los estados que le dieron vida al gobierno central ahora viven a su orden. Entonces, ¿qué es? Es una sociedad continuamente en transición hacia el estatismo. Si el Conservador no acepta el significado de esta transformación, ésta se lo devorará.

El Partido Republicano actúa como si no tuviera recursos. Las administraciones republicanas —con la excepción de un breve respiro de ocho años bajo el mando de Ronald Reagan— más o menos permanecen en el camino establecido por Franklin Roosevelt y el New Deal. El ejemplo más reciente y sorprendente son los billones de dólares de varios rescates financieros que supervisó George W. Bush durante los últimos meses de su administración. Cuando le preguntaron sobre esto, hizo esta declaración: "He abandonado los principios del mercado libre para salvar al sistema de mercado libre".[1]

Hizo más que eso. Al aprobar el gasto de $17,4 mil millones en préstamos para General Motors y Chrysler, el presidente Bush hizo caso omiso del Congreso, que había rechazado el plan, y al hacer eso, violó la doctrina de separación de poderes de la Constitución. Al igual que otro presidente republicano, Herbert Hoover, quien sentó las bases para el New Deal de Frankllin Roosevelt, en palabras y acciones, Bush ha hecho lo mismo para el presidente Barack Obama —el Estatista más puro ideológicamente y el contrarrevolucionario más comprometido que alguna vez haya ocupado el despacho oval.

Los republicanos parecen no tener idea de cómo alentar, contener y revertir la agenda del Estatista. Parecen temer el retorno a los primeros principios, no sea que el electorado los rechace, y entonces prefieren hacer pequeños ajustes ineficaces y se mantienen tímidamente en las líneas laterales. Al actuar de esta manera, ¿acaso no están abandonando lo que dicen apoyar? Si la mayoría del pueblo rechaza la sociedad civil para la Utopía del Estatista, optando por la subyugación ante la ciudadanía, entonces el fin igual está cerca. Pero hasta al ganar una elección, gobernar sin avanzar los primeros principios es, en efecto, una victoria vacía. Su imprudencia es evidente. Este no es el modo del Conservador;

es el modo del neo-Estatista —servil a una "realidad" creada por el Estatista en vez de la realidad de los derechos inalienables otorgada por el Creador— no el Conservador.

Entonces, ¿qué se puede hacer? No pretendo tener todas las respuestas. Además, el hecho de escribir un libro le pone límites prácticos en lo que se puede decir en un dado momento. Sin embargo, si tengo algunas ideas.

El Conservador se debe involucrar más en los asuntos públicos. Es su naturaleza vivir y dejar vivir, ocuparse de su familia, ofrecer su tiempo en su iglesia o sinagoga y silenciosamente ayudar a un amigo, un vecino o hasta a un extraño. Estas ciertamente son cualidades admirables que contribuyen a la salud total de la comunidad. Pero ya no es suficiente. La contrarrevolución del Estatista ha transformado a las mediaciones de los asuntos públicos y el gobierno público en contra de la sociedad civil. Ya no se los puede dejar en manos del Estatista, lo cual hoy en día es lo que sucede en la mayoría de los casos.

Esto requerirá una nueva generación de activistas conservadores, más numerosos, más astutos y más elocuentes que antes, que buscan embotar la contrarrevolución del Estatista —no imitarla— y gradual y continuamente revertir su curso. Más conservadores que antes tendrán que buscar ser elegidos o nombrados como funcionarios del gobierno, llenar los puestos del estado administrativo y encontrar posiciones en Hollywood y los medios donde pueden hacer una diferencia en maneras infinitas. El Estatista no tiene el derecho de nacimiento de estas instituciones. El Conservador debe luchar por ellas, moldearlas y, cuando sea apropiado, eliminarlas si son destructivas para la preservación y el mejoramiento de la sociedad civil.

Los padres y abuelos deben hacerse cargo de enseñarles a sus hijos y nietos a creer en y apreciar los principios de la sociedad civil estadounidense y enfatizar la importancia de preservar y mejorar la sociedad. Tendrán que enseñarle a su cría que el Estatista amenaza la libertad y prosperidad de su generación, y que debe resistir las tendencias y las modas ideológicamente atractivas. Los millones de padres y abuelos pueden contrarrestar el adoctrinamiento del Estatista de sus hijos y nietos en las escuelas del gobierno y por otras instituciones estatistas simplemente al brindarles sus conocimientos, creencias e ideales durante la cena, en el auto o a la hora de dormir. Si se hace de una manera íntima, con propósito y consistentemente, creará una nueva generación de conservadores.

Y la educación no debería parar en la puerta de entrada. Nosotros, el pueblo, somos un ejército enorme de educadores y comunicadores. Cuando sale el tema en conversaciones con vecinos, amigos, colegas y otros, tomémonos el tiempo para explicar los principios conservadores y sus valores para el individuo, la familia y la sociedad en general.

El Conservador debe adquirir conocimientos fuera del universo del Estatista. No debe ignorar a los medios, Hollywood, las escuelas públicas y las universidades, pero estas no deberían ser las fuentes principales de la información que le da forma a la visión del mundo del Conservador. La tecnología ha facilitado el acceso a un sinfín de recursos que contribuyen a la comprensión del Conservador, incluyendo el Avalon Project,[2] que en línea hace disponible, entre otras cosas, una gran colección de los documentos fundadores de la nación; el Atlas Economic Research Foundation,[3] que ofrece recursos sobre el pensamiento del mercado libre; el CATO Institute, que produce materiales eruditos orientados alrededor de la filosofía de Adam Smith; y el Heritage Foundation, que produce materiales eruditos orientados alrededor de Edmund Burke. Además, las publicaciones establecidas, como *Human Events* y *National Review*, tienen pensamientos conservadores con respecto a las noticias y eventos actuales. Los programas radiofónicos brindan un foro dinámico para el pensamiento y debate conservador. Hay instituciones académicas, en particular Hillsdale College y Chapman University, que brindan oportunidades de educación formal. Y grupos como el Young America's Foundation, el Intercollegiate Studies Institute y el Leadership Institute fomentan el conservadurismo en los predios universitarios de toda la nación.

El Estatista también se ha vuelto magistral en controlar el vocabulario público. Cuando lo desafían con respecto al calentamiento global, él acusa al escéptico de ser un "negador", "favoreciendo a los contaminadores corporativos", o de estar "en contra de salvar al planeta". Las medidas draconianas que amenazan la libertad y prosperidad, como el tope y compraventa de permisos de emisiones, son promocionados como eslóganes atractivos y benignos, incluyendo "ser ecológico". El Estatista nunca destruye, él "reforma". Nunca priva del derecho al voto, él "confiere poderes". El presidente Ronald Reagan comprendía el poder de las palabras. Estructuró el debate bajo sus términos.

¿Cómo se puede equiparar al gobierno limitado y la restricción fiscal con la falta de compasión por los pobres? ¿Cómo se puede ver a una exención tributaria que le agrega un poquito más de dinero al sueldo semanal de la gente trabajadora como un ataque a los necesitados? ¿Desde cuándo creemos en Estados Unidos que nuestra sociedad está compuesta de dos clases dia-

metralmente opuestas —una rica, la otra pobre—, ambas en
un estado permanente de conflicto y sin que ninguna pueda
prosperar sino a expensas de la otra? ¿Desde cuándo aceptamos
en Estados Unidos esta teoría ajena y desacreditada de conflicto
social y entre clases? ¿Desde cuándo apoyamos en Estados Uni-
dos la política de envidia y división?".[4]

Reagan analizó minuciosamente el lenguaje del Estatista y le
dio un nuevo sentido a la moralidad del mensaje. Los estadounidenses no están en guerra entre ellos sobre el dinero y las clases sociales. Y cuando los estadounidenses guardan los frutos de su trabajo,
es algo bueno. Esto es tanto trascendental y fundamental. El vocabulario del Estatista le brinda oportunidades al Conservador para
resaltar la duplicidad del Estatista y la quiebra de sus ideas al quitar-
les la capa retórica de su mensaje y compararlo con la sabiduría de
los principios del Conservador. La batalla del lenguaje, como la
batalla de ideas, es una que los conservadores deberían disfrutar.

El Estatista ha construido una variedad de leyes y políticas a lo
Rube Goldberg que han institucionalizado sus objetivos. Su éxito
genera confianza en sus esfuerzos ilimitados. Para el Conservador,
el desafío es sobrecogedor y el camino será largo y difícil. Pero le
tomó al Estatista casi ochenta años para llegar acá, y le tomará al
Conservador por lo menos ese tiempo para cambiar la dirección
de la nación. De igual manera, no hay tiempo que perder. El Conservador debe actuar ahora. Y al hacerlo, debe rechazar los límites
ideológicos que el Estatista y el neo-Estatista busca imponerle,
porque son contraproducentes. Debe estar decidido con su propósito y a su vez flexible en su acercamiento. Debe buscar oportunidades y explotarlas. Debe ser tanto abierto como encubierto. No

debe rechazar al acuerdo mutuo si este puede llegar a avanzar los principios fundadores. Debe rechazar el acuerdo mutuo si este trae poco o nada de resultados y es en sí una diversión.

El Conservador debe escuchar y aprender las lecciones de la historia de su nación. La fundación de Estados Unidos, la Guerra Civil y la Segunda Guerra Mundial fueron todas épicas y, por momentos, parecían guerras insuperables de la libertad en contra de la tiranía, lo cual, si hubieran perdido, hubiera destruido la sociedad civil. El desafío hoy en día de muchas maneras es más complejo, porque la "tiranía suave" viene desde adentro y utiliza las mediaciones de la nación en su contra. Sin embargo, también es una lucha sin sangre y, por ende, debe reclutar a todos los conservadores con la valentía de sus convicciones.

Hay una dinámica al cambio prudente que hace imposible la producción de una guía paso a paso para las acciones tácticas fijas para todas las circunstancias y los tiempos. Pero las acciones tácticas se deben llevar a cabo hoy, bajo condiciones conocidas, si la sociedad civil sobrevivirá mañana. Por lo tanto, basado en mis conocimientos, observaciones y experiencias, aquí les presento algunas de las cosas difíciles que deberá hacer el Conservador para que la nación cambie de dirección:

UN MANIFIESTO CONSERVADOR

1. IMPUESTOS

Se debe eliminar el impuesto a las ganancias progresivo —reemplazar con un impuesto a las ganancias fijo o un impuesto al valor agregado nacional— ya que su propósito es redistribuir la riqueza, no financiar las funciones constitucionalmente legítimas del gobierno federal.

Todos los residentes del país deben pagar el impuesto así tienen un interés en limitar su abuso.

Se debe eliminar el impuesto de retención automático, ya que esconde todo lo que el gobierno federal está confiscando de sus ciudadanos.

Se debe eliminar el impuesto a la renta, ya que no es más que cobrarle el doble de los impuestos a los accionistas y consumidores, y penaliza la riqueza y la creación de trabajos.

Se debe eliminar el impuesto a la muerte, ya que le niega el derecho a los ciudadanos de conceder el valor material que han creado durante sus vidas a quienes quieran, incluyendo sus familias.

Todos los aumentos del impuesto a la ganancia federal requerirá una supermayoría de votos de las tres quintas partes del Congreso.

Se debe limitar los gastos federales cada año a menos del 20% del producto interior bruto.[5]

2. EL MEDIO AMBIENTE

Se debe eliminar el estatus especial exento a impuestos concedido a los grupos ecológicos, ya que no son fundaciones benéficas imparciales.

Se debe eliminar la autoridad legal especial que le concede a grupos ecológicos la posibilidad de hacer juicios en nombre del público, ya que su propósito principal es seguir la agenda del Estatista a través del litigio.

Se debe pelear todos los esfuerzos para utilizar regulaciones del medio ambiente para establecer políticas industriales gubernamentales y disminuir el estándar de vida de la nación, como el "tope y compraventa de permisos de emisiones" para regular el "cambio climático causado por el hombre".

3. JUECES

Se debe limitar el poder de la revisión judicial de la Corte Suprema, que de lejos supera la intención de los Redactadores al establecer un veto legislativo sobre las decisiones de la Corte —quizá dos tercios del voto de la supermayoría de ambas cámaras del Congreso, similar a la autoridad de anulación del Congreso de un veto presidencial.

Se debe eliminar la titularidad permanente de los jueces federales, dado el poder extra-constitucional que han amasado y su intervención rutinaria en decisiones políticas —que la Constitución le deja a las ramas representativas.

Ningún candidato judicial que rechaza la jurisprudencia del originalismo debería ser confirmado.

4. EL ESTADO ADMINISTRATIVO

Se debe cerrar todas las agencias federales "independientes" cada año, sujetas a su reestabilización afirmativa por parte del Congreso.

Se debe requerir que los departamentos y las agencias federales le reembolsen a los individuos y a las empresas los costos asociados con la devaluación de sus propiedades privadas por la emisión de regulaciones que comprometieron el uso de sus propiedades.

Se deben eliminar los sindicatos para los empleados del gobierno federal, dado que el propósito de un sistema de servicio civil es fomentar el mérito y la profesionalidad por encima del patrocinio, y el propósito de los sindicatos federales es darse poder a sí mismo para fomentar el estatismo.

Se debe reducir la fuerza laboral federal civil por un 20% o más.

5. LA EDUCACIÓN GUBERNAMENTAL

Se debe eliminar el monopolio de la educación pública al aplicar leyes antimonopolistas en la Asociación de Educación Nacional y la Federación Estadounidense de Maestros (National Education Association and American Federation of Teachers); el monopolio es destructivo para una buena educación y competencia y no responde a los contribuyentes que la financiaron.

Se debe eliminar la titularidad permanente para los maestros y profesores del gobierno, para hacerlos responsables de la calidad de la instrucción que le brindan a los estudiantes.

Se le debe quitar a la agenda estatista el currícula (como el multiculturalismo y el calentamiento global) reemplazarlo con currícula que refuerza la verdadera educación y la preservación de la sociedad civil a través de sus principios centrales.

Se debe eliminar el Departamento de Educación federal, ya que la educación es principalmente una función estatal y local.

6. LA INMIGRACIÓN

Se debe eliminar la migración en cadena, que concede el control de la política inmigratoria a los extranjeros y a los gobiernos extranjeros, y que el Estatista defiende para ampliar su circunscripción electoral y de estado administrativo.

Se debe asegurar las fronteras de la nación y desalentar a aquellos que las violan —tanto los inmigrantes ilegales como los ciudadanos infractores— al hacer cumplir las leyes inmigratorias.

Se debe poner fin al multiculturalismo, la diversidad y el bilingüismo en las instituciones públicas, lo cual engendra pobreza, animosidad y balcanización étnica; se debe fomentar la asimilación y la unión de la ciudadanía, la lealtad a la cultura estadounidense y el inglés como el idioma oficial nacional.

7. LOS SUBSIDIOS

El Seguro Social está en quiebra. Medicare está en quiebra. Medicaid está en quiebra. Estos programas y otros han acumulado más de $50 billones de pagarés que tendrán que ser pagados por generaciones posteriores. Se debe educar a la gente joven sobre la trampa intergeneracional que le ha tendido el Estatista —que les robará su libertad, trabajo, oportunidades y riqueza— y construir una fuerza electoral futura que observe al elíxir de los subsidios como un aceite de víbora venenosa. Estos programas fueron creados en la política y se deben discutir en la política. Solo de esta manera será posible contener, limitar y reformarlos.

Se debe luchar contra todos los esfuerzos para nacionalizar el sistema de cuidado de salud. Un cuidado de salud nacional es la madre de todos los programas de subsidios, ya que a través de éste el Estatista controla no solo la riqueza material del individuo, sino su bienestar físico. Se le debe recordar al pueblo que los políticos y los burócratas, de quienes ya son cínicos, ultimadamente tendrán la última palabra sobre la elección de doctores, hospitales y tratamientos —lo cual quiere decir que el sistema será politizado y burocratizado. Recordemos que este experimento humano ya se ha hecho y ha fallado en lugares como Inglaterra y Canadá, donde los pacientes han sido sujetos a decisiones arbitrarias sobre sus tratamientos, períodos largos de espera para cirugías que les salvarían la vida, tecnologías médicas anticuadas, la negación de medicaciones de costos altos disponibles en otras partes, y el racionamiento ineficiente del cuidado de salud en general. Y recordemos que a pesar de las promesas utópicas pasadas, el Estatista casi nunca hace lo que promete.

8. LA POLÍTICA EXTERIOR Y LA SEGURIDAD

Se debe asegurar que todas las decisiones de política exterior se hacen con el propósito de preservar y mejorar la sociedad estadounidense.

Se debe rechazar todos los tratados, enredos, instituciones y empresas que tienen como propósito la suplantación de los mejores intereses de Estados Unidos, incluyendo su soberanía física, cultural, económica y militar, por un interés "global" amorfo.

Se debe asegurar que Estados Unidos siga siendo el superpoder del mundo. Se debe asegurar que las fuerzas militares de Estados Unidos siempre estén listas para la guerra para disuadir ataques, fomentar la paz y, si es necesario, ganar cualquier guerra.

9. LA FE

Se debe oponer todos los esfuerzos para despojar a la nación de su justificación fundadora —es decir, los derechos naturales otorgados por Dios de que el gobierno no puede ni conferir ni negarle al individuo. El Estatista busca la autoridad para hacer ambas cosas, lo cual explica su desdén para, o mal uso de, la fe. Además, la fe brinda el orden moral que une a una generación con la otra, y sin la cual la sociedad civil no puede sobrevivir.

10. LA CONSTITUCIÓN

Se debe exigir que todos los funcionarios públicos, electos o nominados, siempre ratifiquen la Constitución y justifiquen sus acciones públicas bajo la Constitución.

Se debe oponer todos los esfuerzos para "constitucionalizar" la agenda estatista.

Se debe eliminar los límites y el racionamiento de la libertad de expresión política a través de leyes de "financiamiento de campañas" inconstitucionales, que benefician a los políticos titulares, los medios, los sindicatos y otros grupos relacionados al Estatista. Cualquier ciudadano o grupo de ciudadanos estadounidenses debe tener la libertad de contribuirle a los candidatos que deseen, con tal de que la fuente, la cantidad y el recipiente de las contribuciones sean públicos.

Se debe derrotar todos los esfuerzos para inconstitucionalmente regular los discursos políticos en los medios, como la radio. El Estatista ahora busca consolidar el poder que ha acumulado silenciando las voces desobedientes a través de una variedad de planes que regularía el contenido de los medios.

El presidente Reagan dijo: "La libertad nunca está a más de una generación de la extinción. No se la pasamos a nuestros hijos en la sangre. Se debe luchar por ella, protegerla y entregarla para que ellos hagan lo mismo, sino un día pasaremos nuestros últimos años contándoles a nuestros hijos y a los hijos de nuestros hijos cómo eran los Estados Unidos cuando los hombres eran libres".[6]

Nosotros, los Conservadores, nos tenemos que poner a trabajar.

1

SOBRE LA LIBERTAD Y LA TIRANÍA

SIMPLEMENTE NO EXISTE UNA fórmula científica o matemática que defina el conservadurismo. Es más, hoy en día hay voces que compiten por reclamar el manto del "verdadero conservadurismo" —incluyendo el neo-conservadurismo (énfasis en una seguridad nacional robusta), el paleo-conservadurismo (énfasis en preservar la cultura), el conservadurismo social (énfasis en la fe y los valores) y el liberalismo (énfasis en el individualismo), entre otros. Decenas de eruditos han escrito extensamente sobre lo que se puede imperfectamente considerar el pensamiento conservador. Pero mi propósito no es exponer a cada uno, ya que no se puede llevar a cabo de manera justa y adecuada aquí, ni pretendo ser árbitro entre ellos. Tampoco intentaré dar a luz teorías totalmente nuevas.

En cambio, lo que sigue son mis propias opiniones y conclusiones de verdades fundamentales, basadas en décadas de observación, exploración y experiencia, sobre el conservadurismo y, por

el contrario, el no conservadurismo —es decir, la libertad y la tiranía del Estados Unidos moderno.

Para resumir: el conservadurismo es una forma de comprender
la vida, la sociedad y la gobernabilidad. Los Fundadores estuvie-
ron altamente influenciados por ciertos filósofos, entre ellos Adam
Smith (orden espontáneo), Charles Montesquieu (la separación
de los poderes) y en especial John Locke (los derechos naturales);
también fueron influenciados por su fe, experiencias personales y
su conocimiento de la historia (incluyendo el auge y la caída del
Imperio romano). Edmund Burke, estadista y pensador inglés, a
quien a menudo se destaca como el padre del conservadurismo
moderno. Fue uno de los primeros defensores de la Revolución
americana y abogaba por un gobierno a base de representantes.
Escribió sobre la interconexión entre la libertad, los mercados libres, la religión, la tradición y la autoridad. El Conservador, al
igual que los Fundadores, se informa a través de estos grandes
pensadores —y más.

La Declaración de la Independencia representa la posición en
consenso más destacada y oficial de la lógica de los Fundadores
para declarar la independencia de Inglaterra. En parte, dice:

*Cuando en el curso de los acontecimientos humanos se hace
necesario para un pueblo disolver los vínculos políticos que lo
han ligado a otro y tomar entre las naciones de la tierra el puesto
separado e igual a que las leyes de la naturaleza y el Dios de
esa naturaleza le dan derecho, un justo respeto al juicio de la
humanidad exige que declare las causas que lo impulsan a la
separación. Sostenemos como evidentes estas verdades: que todos los hombres son creados iguales; que son dotados por su*

*Creador de ciertos derechos inalienables; que entre éstos están
la vida, la libertad y la búsqueda de la felicidad...*

Los Fundadores creían, y el Conservador está de acuerdo, en la
dignidad del individuo; que nosotros, como seres humanos, tenemos el derecho de vivir, vivir libremente, y buscar aquello que nos
motiva no porque el hombre o algún gobierno dice que sea así,
sino porque estos son nuestros derechos otorgados por Dios.

Al igual que los Fundadores, el Conservador también reconoce en la sociedad una *armonía de intereses*,[1] como bien dijo
Adam Smith, y reglas de cooperación que se han desarrollado a
través de generaciones de experiencia humana y razonamiento
colectivo que fomentan el mejoramiento del individuo y la sociedad. Esto se caracteriza como libertad ordenada, el contrato social
o *la sociedad civil*.

¿Cuáles son las condiciones de esta sociedad civil?

En la sociedad civil, el *individuo* es reconocido y aceptado
como más que una estadística abstracta o un miembro anónimo
de algún grupo; por el contrario, es un *ser único y espiritual* con un
alma y una conciencia. Es libre de descubrir su propio potencial y
buscar sus propios intereses legítimos, atenuado, sin embargo,
por su *orden moral* que se basa en la *fe* y le sirve de guía en su vida
y toda vida humana a través del ejercicio *prudente* del juicio.
Como tal, el individuo en la sociedad civil se esfuerza por ser,
aunque imperfectamente, virtuoso —es decir, medido, ético y ho-
norable. Rechaza el relativismo que desdibuja la línea entre el
bien y el mal, lo correcto e incorrecto, lo justo e injusto, y los
medios y los fines.

En la sociedad civil, el individuo tiene como *deber* respetar los derechos inalienables de otros y los valores, costumbres y tradiciones, probados con el tiempo y pasados de una generación a otra, los cuales establecen la *identidad cultural* de la sociedad. Él es responsable de ocuparse de su propio bienestar y el de su familia. Y tiene un deber como *ciudadano* de contribuir voluntariamente al bienestar de su comunidad a través de buenas obras.

En la sociedad civil, la *propiedad privada* y la libertad son inseparables. El derecho del individuo de vivir libremente y de manera segura y de buscar la felicidad incluye el derecho de adquirir y poseer propiedad, la cual representa el fruto de su propio trabajo intelectual y/o físico. Tal como el tiempo del individuo sobre la Tierra es finito, también lo es su trabajo. La negación ilegítima o disminución de su propiedad privada lo esclaviza a otro y le niega su libertad.

En la sociedad civil, una *ley*, que es justa, conocida y predecible, y aplicada equitativamente, aunque sea imperfectamente, brinda el marco regulador y la limitación al gobierno, de este modo nutre la sociedad civil y sirve como control contra el uso arbitrario y, por ende, abuso del poder.[2]

Para el Conservador, la sociedad civil tiene como más alto propósito su conservación y mejoría.[3]

El Liberal Moderno cree en la supremacía del estado, por ende rechaza los principios de la Declaración y el orden de la sociedad civil, en su totalidad o parcialmente. Para el Liberal Moderno, la imperfección del individuo así como su búsqueda personal impiden el objetivo de un estado utópico. De esta manera, el Liberalismo Moderno promociona lo que el historiador francés Alexis de Tocqueville describe como una *tiranía suave*,[4] la cual se vuelve más opresiva, potencialmente llevando a una tiranía dura (algún tipo de totalitarismo). Como la palabra *liberal* es, en su sentido clásico, lo opuesto a autoritario, es más preciso, por ende, calificar al Liberal Moderno como un *Estatista*.

Los Fundadores comprendían que la amenaza más grande a la libertad es un gobierno central todopoderoso, donde son pocos los que dictan a los demás. También sabían que el gobierno de las masas llevaría a la anarquía y, en última instancia, al despotismo. Durante la Guerra Revolucionaria, los estados más o menos siguieron los Artículos de la Confederación, donde la mayoría de la autoridad gobernante se mantenía dentro de los estados. Después de la guerra, mientras los Fundadores trabajaban para establecer una nueva nación, los defectos en los Artículos se hicieron más evidentes. El gobierno central no tenía la capacidad de financiarse por sí solo. Es más, los estados emitían su propia moneda, llevando a cabo su propia política exterior y armando sus propios ejércitos. Las disputas de comercio entre los estados y otros países dificultaban el comercio y eran una amenaza a la prosperidad nacional.

Finalmente, los Artículos fueron reemplazados por la Constitución, la cual le concedía al gobierno federal suficiente autoridad para fomentar, promocionar y "asegurar las Bendiciones de la Libertad para nosotros y nuestra Posteridad",[5] pero no la suficiente autoridad para destruirlo todo. James Madison, el autor de la Constitución más influyente, lo describió de la mejor manera cuando lo escribió en "Federalista 51":

> ¿Pero qué es el gobierno en sí mismo, sino el mejor de todos los reflejos de la naturaleza humana? Si los hombres fueran ángeles, no habría necesidad de ningún gobierno. Si los ángeles fueran a gobernar a los hombres, los controles externos e internos

del gobierno no serían necesarios. Al enmarcar un gobierno que será administrado por hombres sobre hombres, la dificultad más grande yace en esto: primero debes permitir que el gobierno controle a los gobernados; y luego debes obligarlo a que se controle a sí mismo.[6]

Durante la mayor parte de la historia de Estados Unidos, el equilibrio entre la autoridad gubernamental y la libertad individual fue comprendido y aceptado. El poder federal se limitaba a lo que estaba específicamente enumerado en la Constitución, nada más. Y ese poder fue limitado aún más, ya que se distribuyó entre tres ramas federales —la legislativa, la ejecutiva y la judicial. Más allá de eso, el poder permaneció dentro de los estados y por último con el pueblo.

Los Redactores reconocieron que la Constitución posiblemente requeriría ajustes de vez en cuando. Por ende, proporcionaron dos métodos para proponer enmiendas, de los cuales solo uno ha sido utilizado para adoptar las enmiendas actuales. Proponer una enmienda a los estados para su ratificación requiere una súper mayoría de dos tercios de los miembros de ambas cámaras del congreso y tres cuartos de los estados para exitosamente ratificar la enmienda propuesta. Dentro de toda nuestra historia, la Constitución ha sido enmendada solo veintisiete veces —las primeras diez, la Declaración de Derechos, fueron adoptadas poco después de que se ratificara la Constitución. Claramente, los Redactores no tenían la intención de que la Constitución se pudiera alterar fácilmente. Se ideó como un contrato duradero que solo se podía modificar por medio del juicio considerado de una representación importante del cuerpo político.

Pero en la década de los treinta, durante la Gran Depresión, los Estatistas lanzaron una contrarrevolución exitosa que alteró radical y fundamentalmente la naturaleza de la sociedad estadounidense. El presidente Franklin Roosevelt y un congreso abrumadoramente demócrata, a través de una selección de proyectos, ayuda social, impuestos y regulaciones federales, también conocido como el New Deal, infringió los cortafuegos de la Constitución. Al principio, la Corte Suprema contraatacó, rechazando los programas del New Deal diciendo que excedían los límites de la autoridad constitucional federal, violando así la soberanía del estado y pisoteando los derechos de la propiedad privada. Pero en vez de buscar una expansión del poder federal a través del proceso de las enmiendas, lo cual hubiera seguramente estancado las ambiciones de Roosevelt, el presidente amenazó con alterar la misma estructura de la Corte al proponer rellenarla con jueces comprensivos quienes se sumarían a esta contrarrevolución. Aunque el plan de Roosevelt falló, los jueces habían sido eficazmente intimidados. Y los nuevos jueces, quienes compartían el estatismo de Roosevelt, comenzaron a reemplazar a los jueces más viejos de la Corte. No pasó mucho tiempo antes de que la Corte se transformara en un simple sello de rutina para la política de Roosevelt.

El gobierno federal comenzó a pasar leyes y crear agencias administrativas a un paso vertiginoso, incrementando su control sobre la actividad económica y, por ende, la libertad individual. Utilizó los impuestos no solo para recaudar fondos para actividades gubernamentales legítimamente constitucionales, sino también para redistribuir la riqueza, financiar programas de asistencia social, poner límites de precios y producción, crear grandes programas de trabajo público y establecer programas de pensiones y desempleo. Roosevelt usó su nuevo poder para ampliar sus alianzas políticas y crear distritos electorales —sindicatos, agricultores, jubilados y grupos étnicos. A partir de esta era, el Partido Demócrata y el gobierno federal estarían entrelazados de manera inextricable, y el Partido Demócrata se volvería tan dependiente del poder federal para su sustento como los dependientes gubernamentales que crearía. Irónicamente, la expansión industrial que resultó de la Segunda Guerra Mundial con el tiempo terminaría con la Gran Depresión, y no el New Deal. De hecho, la carga enorme de impuestos y regulaciones sobre el sector privado que estableció el New Deal prolongó la recuperación económica.

La relevancia del New Deal no se encuentra en un simple programa, sino en el corte radical con nuestros principios fundadores y las limitaciones constitucionales. Roosevelt mismo rompió con la tradición de dos mandatos presidenciales que comenzó George Washington, al postularse para cuatro mandatos. Su legado incluye un gobierno federal que se ha vuelto un conglomerado masivo e irresponsable: es el acreedor, deudor, prestamista, consumidor, contratista, cedente, dueño de propiedad, inquilino, asegurador, proveedor de servicios de salud y garante de pensiones más grande de la nación.

Sin embargo, el Estatista tiene un apetito insaciable por el control. Tiene el ojo puesto en su próxima comida antes de siquiera haber digerido la última. Está constantemente creando agitación para lograr acción gubernamental. Y apoyando ese propósito, el Estatista habla la lengua del demagogo, elucubrando un pretexto y queja tras otro para manipular las percepciones públicas y construir un ímpetu popular para el despojo de libertad y propiedad de los legítimos poseedores. Los trabajadores, sinceros y exitosos, son demonizados como infractores de varias ofensas en contra del bien público, lo cual justifica la intervención gubernamental por parte de un desfile interminable de "víctimas". De esta manera, el infractor y la víctima están subordinados bajo la autoridad del gobierno —el primero por robo, el otro por una existencia dependiente. A decir verdad, ambos se vuelven víctimas del verdadero infractor: el Estatista.

El Estatista oculta sus objetivo bajo una indignación moral, entonando en suma cólera las injusticias de la libertad y de la vida misma, ante las cuales solo él puede proveer justicia y propiciar una resolución honrada. Y cuando la resolución muestra ser difícil de alcanzar, como sin duda ocurre —sea la promesa marxista del "paraíso de los trabajadores" o la "guerra contra la pobreza" de la Gran Sociedad— el Estatista exige aún más autoridad para escurrir las imperfecciones de la existencia de la humanidad. Sin las restricciones de las prohibiciones constitucionales, ¿qué queda para limitar las ambiciones del Estatista sino su propio referente moral, el cual ya lo ha desviado del camino? Él nunca es circunspecto en cuanto a sus propias falencias. El fracaso no es producto de sus creencias sino simplemente producto de la falta de poder y recursos. Por ende nacen interminables racionalizaciones para apoderarse de cada vez más autoridad gubernamental.

En medio de todo yace el individuo, quien era un foco predominante para los Fundadores. Al vivir libremente y perseguir sus propios y legítimos intereses, el individuo muestra cualidades que son la antítesis de las del Estatista —iniciativa, autosuficiencia e independencia. Mientras el Estatista construye una cultura de conformidad y dependencia, donde el ciudadano ideal adopta cualidades de sonámbulo para servir al estado, el individuo debe ser drenado de su singularidad y autoestima, y disuadido del pensamiento o comportamiento independiente. Esto se logra a través de diferentes métodos de castigo económico y represión política.

El Estatista sabe que a pesar de sus usurpaciones exitosas, hay suficientes ciudadanos que se mantienen escépticos y hasta sospechosos de los políticos y el gobierno, por lo que no puede imponer toda su voluntad de golpe. Por lo tanto, camina dando pasos incrementados, ajustando su ritmo de acuerdo a las circunstancias. Hoy en día su ritmo es más rápido porque la resistencia ha disminuido. Y el Estatista nunca da vuelta atrás. Pero no es el caso de algunos que dicen ser el altar del conservadurismo pero son, en realidad, neo-Estatistas, que harían que los Conservadores abandonaran las alturas de los principios de los fundadores por la arena movediza que conlleva el despotismo suave.

Michael Gerson, quien fuera redactor de discursos para el presidente George W. Bush, ha escrito un libro, *Heroic Conservatism*, en el que dice que "si los republicanos se postulan en futuras elecciones con un mensaje simplista anti-gobierno, ignorando a los pobres, los adictos y los niños en riesgo, perderán, y se merecerán perder". Gerson sostiene que se requiere un "conservadurismo compasivo" e "iniciativas basadas en la fe", en donde el gobierno federal juega un papel clave.[7]

Gerson prácticamente ignora los éxitos de la libertad y la sociedad civil en donde los humanos florecen, a pesar de estar constantemente rodeado por su esplendor. Son tantos los tesoros de la libertad, que desafían la calificación. El objeto del desdén de Gerson está mal ubicado. Gerson no pregunta, "¿Cuántas empresas y trabajos se podrían haber creado, cuánta gente se podría haber salvado de enfermedades, cuántos niños pobres podrían haber

sido alimentados si no fuera por los costos adicionales, la dislocación del mercado y el manejo ineficaz que tergiversa la oferta y la
demanda o desalienta la investigación y el desarrollo como resultado del papel del gobierno federal?".

La permeabilidad de la libertad en la sociedad estadounidense
a menudo hace que sus manifestaciones sean elusivas o invisibles
para aquellos que nacen en ella. Mismo si la libertad es recono-
cida, muchas veces se da por sentada y se asume su permanencia.
Por ende, bajo estas circunstancias, la agenda del Estatista puede
ser seductora hasta para quien fuera asesor de un presidente republicano. No se reconoce como una amenaza cada vez más corrosiva hacia la libertad, sino más bien una que coexiste con ella.

Los columnistas William Kristol y David Brooks promocionan
algo llamado el "conservadurismo de la grandeza nacional".
Co-escribieron un artículo de opinión en donde exclamaron que
"no desprecia al gobierno. ¿Por qué lo haría? ¿Cómo pueden los
estadounidenses amar a su nación si odian al gobierno? Pero la
manera de restaurar la fe en el gobierno es cortar su debilidad y
hacerlo más eficaz".[8]

El Conservador no desprecia al gobierno. Desprecia a la tiranía. Esta es precisamente la razón por la cual el Conservador ve-
nera la Constitución e insiste en seguirla. Un gobierno "eficaz"
que opera fuera de las limitaciones de la Constitución es un gobierno peligroso. Al abandonar el principio por la eficacia, pare-
ciera ser que el neo-Estatista está tan desligado de la Constitución
como el Estatista. Camina más lento que el Estatista, pero de todas maneras camina con él. El neo-Estatista no propone ningún
tipo de estándar perceptible o medios prácticos para recortar el
poder federal que ayuda a desatar, y el cual el Estatista explotará.

En muchas maneras, él es tan inaceptable como el Estatista, ya que busca devorarse el conservadurismo disfrazándose de su nomenclatura.

El Conservador se sorprende por el ascenso del despotismo suave y su alegre aceptación por parte del neo-Estatista. Sabe que una vez que se pierde la libertad, raramente se recupera. Sabe del decaimiento y consecuente fracaso de repúblicas pasadas. Y sabe que la mejor receta para encarar las enfermedades verdaderas y percibidas de la sociedad no es otorgarle aún más poder al ya enorme gobierno federal sobrepasando sus límites constitucionales, sino regresar a los principios fundadores. Un pueblo libre viviendo en una sociedad civil, trabajando en cooperación de interés personal, y un gobierno operando dentro de los límites de la autoridad fomentan más prosperidad, oportunidad y felicidad para más gente que cualquier alternativa. El conservadurismo es el antídoto a la tiranía precisamente porque sus principios *son* los principios fundadores.

2

SOBRE LA CAUTELA Y EL PROGRESO

HASTA CUANDO DECLARABAN LA independencia de Inglaterra, los Fundadores reconocieron los peligros del cambio imprudente cuando de gobernar se trata. Como bien dice la Declaración
de la Independencia:

> Que para garantizar estos derechos, los gobiernos se instituyen
> entre los hombres, que derivan sus poderes legítimos del consen-
> timiento de los gobernados; que cuando quiera que una forma
> de gobierno se haga destructora de estos principios, el pueblo
> tiene el derecho a reformarla o abolirla e instituir un nuevo go-
> bierno que se funde en dichos principios, y a organizar sus po-
> deres en la forma que a su juicio ofrecerá las mayores
> probabilidades de alcanzar su seguridad y felicidad. La pruden-
> cia, claro está, aconsejará que no se cambien por motivos leves
> y transitorios gobiernos de antiguo establecidos; y, en efecto,
> toda la experiencia ha demostrado que la humanidad está más

dispuesta a padecer, mientras los males sean tolerables, que a hacerse justicia aboliendo las formas a que está acostumbrada. Pero cuando una larga serie de abusos y usurpaciones, dirigida invariablemente al mismo objetivo, demuestra el designio de someter al pueblo a un despotismo absoluto, es su derecho, es su deber, derrocar ese gobierno y establecer nuevos resguardos para su futura seguridad...

Los Fundadores tuvieron mucho cuidado en explicar que la revolución es un último recurso obligado solo por la imposición de un despotismo absoluto. Hoy en día, ningún Conservador en su sano juicio alentaría el derrocamiento del gobierno de Estados Unidos, porque él no trabaja arduamente bajo la mano de hierro del despotismo absoluto, aunque el Conservador se sorprende con el éxito creciente del Estatista en substituir el poder arbitrario del estado con la libertad ordenada.

Sin embargo, el Conservador no rechaza el cambio. Edmund Burke escribió que "un estado sin la posibilidad de algún cambio no tiene la posibilidad de preservarse".[1] Entonces, ¿qué tipo de cambio apoya el Conservador?

Burke explicó:

Hay una diferencia manifiesta y marcada, que hombres y diseños enfermos, u hombres débiles sin la capacidad de diseño, confundirán constantemente —es decir, una diferencia marcada entre el cambio y la reforma. La primera altera la esencia de los objetos en sí y se deshace de todo su bien esencial así como todo el mal accidental anexado a ellos. El cambio es una novedad; y sea que se utilice para operar cualquiera de los efectos de la reforma, o sea que no contradiga el propio principio por el cual se desea la reforma, no se podrá saber de antemano. La reforma no es cambio en la esencia ni en la modificación primaria del objeto, sino la aplicación directa de un remedio para el mal que aqueja. Mientras eso se elimine, todo está seguro. Se detiene ahí; y si falla, la esencia que pasó por la operación, en última instancia, es pero allí estuvo.[2]

Para Burke, el cambio como reforma tenía como intención preservar y mejorar las instituciones básicas del estado. El cambio como innovación era destructivo como un alejamiento radical del pasado y la sustitución de instituciones existentes del estado con experimentos potencialmente peligrosos.[3] Inclusive más, el Estatista a menudo justifica el cambio como una manera de conferir derechos nuevos y abstractos, lo cual no es más que un engaño estatista que pretende otorgarle poder al estado y negarle al hombre sus verdaderos derechos —aquellos que son inalienables y están anclados en la costumbre, la tradición y la fe. Burke escribió: "Con esta facilidad sin escrúpulos para cambiar el estado tan frecuentemente, y tanto, y de tantas maneras, como si fuera la moda del momento, toda la cadena y la continuidad de la comunidad humana se rompería. Ninguna generación se podría ligar a otra. Los hombres se volverían poco más que moscas de un verano".[4]

El Conservador cree, al igual que Burke y los Fundadores, que la cautela se debe ejercer al evaluar el cambio. *La cautela es la mayor virtud ya que es el juicio basado en la sabiduría.* El cambio propuesto debe estar informado por la experiencia, el conocimiento y las tradiciones de la sociedad, personalizado para un propósito específico y llevado a cabo a través de un concepto constitucional que asegure la deliberación considerada por parte de la comunidad. El cambio libre de cautela produce consecuencias impredecibles, que amenazan la libertad ordenada con el caos y hasta el despotismo, y pone en riesgo los propios principios que el Conservador valora profundamente.

Sin embargo, el Conservador busca preservar y mejorar la sociedad civil, y no entablar una defensa sin sentido del estatus quo en tanto que el estatus quo puede perfectamente ser una condición creada por el Estatista que destruye la sociedad civil —como la degradación cultural de la década de los sesenta, la cual hoy en día sigue muy presente. Es el Estatista, entonces, el que rechaza hasta el menor cambio si dicho cambio promueve la sociedad civil, por ende retando su autoridad.

El Conservador comprende que los estadounidenses están viviendo en un estado de libertad disminuida —que el estatismo está ascendiendo y que el equilibrio social se está alejando de la libertad ordenada. Bajo estas circunstancias, el Conservador no debe confundir prudencia con timidez. En todo caso, ciertamente después del New Deal, al Conservador muchas veces le ha faltado la confianza y perseverancia para defender a la sociedad civil.

Hasta el Conservador más dedicado reconoce, sin embargo, el intimidante reto por delante. Los Fundadores tenían razón cuando observaron que el hombre tiene una gran tolerancia para el sufrimiento.

El Conservador debe aceptar que el Estatista no comparte su pasión por la libertad y todo el bien que de ella proviene. El Estatista no reconoce los enormes beneficios a la sociedad de la búsqueda individual de decenas de millones de otros. El Estatista rechaza la idea de los Fundadores de la dignidad del individuo que puede florecer a través de la libertad ordenada, por una arraigada en la imprevisibilidad, la irracionalidad y, ultimadamente, la tiranía.

Se observa que el Estatista está insatisfecho con la condición de su propia existencia. Condena a su par, sus alrededores y la sociedad misma por negarle la realización, el éxito y la adulación que él cree merecer. Está enojado, resentido, petulante y celoso. No es capaz de autoevaluarse honestamente y rechaza la evaluación honesta que otros hacen de él, evadiendo así la responsabilidad de su propia condición mísera. El Estatista busca sentido y hasta gloria en una ficción utópica creada por su mente, de la cual el logro terrenal, cree él, es frustrado por aquellos que no la comparten. Por ende, debe destruir la sociedad civil, pieza por pieza.

Para el Estatista, la libertad no es una bendición sino el enemigo. No es posible lograr la Utopía si los individuos tienen la libertad de ir por sus propios caminos. El individuo debe ser deshumanizado y su naturaleza deslegitimada. A través de la persuasión, el engaño, la coacción, el individuo debe ser subordinado al estado. Debe abandonar sus propias ambiciones por las ambiciones del estado. Debe depender y temerle al estado. Su primera obligación debe ser el estado —no la familia, la comunidad y la fe, todas ellas con el potencial de ser una amenaza para el estado. Una vez abatido, el individuo podrá ser moldeado por el estado.

La Utopía del Estatista puede darse de muchas maneras, y a través de la historia de la humanidad lo ha demostrado, incluyendo el monarquismo, el feudalismo, el militarismo, el fascismo, el comunismo, el nacionalsocialismo y el socialismo económico. Todos son de la misma especie: la tiranía. El principio más importante con el que el Estatista se organiza se puede resumir en una sola palabra: *igualdad*.

La igualdad, como lo comprendieron los Fundadores, es el derecho natural de cada individuo de vivir libremente de manera autónoma, adquirir y retener la propiedad que él cree a través de su propio trabajo, y ser tratado imparcialmente ante una ley justa. Incluso más, la igualdad no debe confundirse con la perfección, ya que el hombre es también imperfecto, haciendo que su aplicación de igualdad, hasta en la sociedad más justa, sea imperfecta. De otra manera, la desigualdad es el estado natural del hombre en el sentido de que cada individuo nace único en todas sus características humanas. Por ende, la igualdad y la desigualdad, comprendidas debidamente, son ambas motores de la libertad.

Sin embargo, el Estatista abusa de la igualdad en búsqueda de resultados económicos y sociales uniformes. Debe continuamente realzar su poder a costa de la autonomía y violar los derechos de la propiedad del individuo a costa de la libertad individual, ya que cree que a través de la persuasión, el engaño y la coacción puede domar el estado natural del hombre y la perfección del hombre puede, por ende, conseguirse en la Utopía. El Estatista debe reclamar el poder para hacer igual aquello que es desigual y perfecto aquello que es imperfecto. Esta es la esperanza que ofrece el Estatista, si tan solo el individuo se rinde al estado todopoderoso. Solo entonces se podrá hacer posible lo imposible.

El presidente Barack Obama dijo lo siguiente en un discurso para la graduación de 2008 de Wesleyan University durante su campaña: "Nuestra salvación individual depende de la salvación colectiva".[5] Pero la salvación no es del gobierno para repartir. De hecho, no es una beca de la humanidad a la humanidad. Bajo las condiciones equivocadas y en las manos equivocadas, esta perspectiva desviada es una herramienta poderosa en contra de la humanidad. La dificultad, si no imposibilidad, yace en contener al despotismo suave para que no haga metástasis y se vuelva una tiranía absoluta, dado que la disminuida y luego derrotada sociedad civil es el único antídoto.

La historia estadounidense y las tradiciones hacen que la transformación de una sociedad civil a la tiranía sea más compleja para el Estatista de lo que es en Europa y otros lugares, lo cual ayuda a explicar su paso más lento. Como bien escribió el filósofo francés Raymond Aron en 1955: "[En Estados Unidos] no hay señal ni de las tradiciones ni de las clases que le otorgan sentido a las ideas europeas. La aristocracia, y la forma de vida aristocrática, fueron despiadadamente eliminadas por la Guerra de la Independencia".[6] Sin embargo, la tiranía es una amenaza inminente en todas las sociedades, evitable solo por la vigilancia activa del pueblo. El Estatista en Estados Unidos no es menos resuelto que su homólogo europeo pero, por necesidad, es más astuto —donde el europeo se tambalea y da saltos, los pasos del estadounidense son medidos pero constantes. En Estados Unidos, el Estatista comprende que su contrarrevolución debe por lo menos aparentar ser gradual y no revolucionaria —a veces hasta disfrazada con la bandera y el patriotismo— para que sus intenciones no se vuelvan demasiado obvias y así crear alarma entre los escépticos.

Para el Estatista, la comunidad internacional y las organizaciones internacionales sirven como recursos útiles para importar la desafección con la sociedad civil. El Estatista insta a los estadounidenses a que se vean a través de los lentes de aquellos que los resienten y hasta los odian. Él necesita que los estadounidenses sientan menos confianza, duden de sus instituciones y acepten el estatus que les asignan los de afuera —como aislacionistas, invasores, ocupadores, opresores y explotadores. El Estatista quiere que los estadounidenses se vean como atrasados, aferrándose tontamente a sus ideas pintorescas sobre la libertad individual, la propiedad privada, la familia y la fe, cosas que hace tiempo han disminuido o desaparecido en otros países. Necesitan escuchar las voces condenatorias de las capitales del mundo y de los autoproclamados guardianes mundiales hostiles hacia el estándar de vida superior de Estados Unidos. Se dice que Estados Unidos está descaminado y retrógrado, justificando la entrega de su soberanía a través de tratados y otros arreglos que benefician a la mayor parte de la "humanidad". Y no vendría mal si Estados Unidos admitiera sus transgresiones pasadas, hiciera reparaciones y aceptara su destino como simplemente otra envejecida nación —una entre muchas.

El Estatista debe también depender de legiones de académicos que sirvan como sus misioneros. Luego de un período corto de entrenamiento y observación, los académicos reciben una sinecura —una participación personal en el estado vía un empleo de por vida a través del sistema de titularidad. El aula se transforma en una fábrica de propaganda en vez de un lugar para la educación, para formar las creencias y actitudes de las siguientes generaciones de malcontentos e incubar la revolución silenciosa contra la sociedad civil. Los académicos ayudan a identificar a los enemigos del estado, y los estudiantes aprenden a desconfiar de ellos o hasta detestarlos a través de la distorsión y repetición —las corporaciones como contaminadores, los Fundadores como dueños de esclavos, el ejército como imperialista, etc.

Los académicos alegan retar la autoridad pero, en realidad, lo que hacen es dar sermones sobre el autoritarismo a través de varias justificaciones y métodos para deconstruir la sociedad civil. Hablan de los derechos individuales pero promueven el colectivismo. Hablan de la concesión y del sufragio pero promueven la usurpación administrativa y judicial del republicanismo. Hablan de los derechos del trabajador pero promueven altos impuestos y la regulación del trabajo. En efecto, los académicos representan la Utopía como una especie de cielo en la tierra pero tienen una gran tolerancia para el infierno de la miseria extendida. El académico sabe de la historia, y mejor que muchos, acerca del poder destructivo del camino del Estatista. Pero él cree que es el precio que debe pagar la humanidad para abrirse camino hacia la Utopía —o, por el contrario, descarta la miseria causada por el Estatista como una mala aplicación de los ideales utópicos como resultado del mal desempeño de un Estatista en particular o de la obra perversa de los enemigos del estado.

El primo hermano de la academia es Hollywood, el cual utiliza el entretenimiento para amancillar la sociedad civil. ¿Por qué hacen el trabajo del Estatista actores que son celebrados por practicar su profesión libremente?

Escribiendo no solo sobre actores sino sobre todos aquellos que "se engañan creyendo que están siendo arriesgados y cortando con la autocomplacencia burguesa", el profesor de la Universidad de Tennessee, Wilfred M. McClay, observa: "Hay un autoengaño profundo en juego en la gente que se regocija en los frutos del éxito mundial mientras desprecia las costumbres personales y condiciones culturales que hacen que tal éxito sea posible. También hay una compulsión extrañamente escondida detrás de la necesidad de tal condena. Sin embargo, de alguna manera hasta las convenciones sociales más incongruentes pueden establecerse por un tiempo y, en nuestra era, la combinación de una diligente dirección externa con una diligente rebeldía ahora parece tan afianzada y común que es casi natural. Su existencia haría muy desafiante el ser *realmente* contracultural si uno deseara serlo".[7]

El difunto Eric Hoffer, un filósofo de la clase obrera, otorga una respuesta convincente: "Aquellos que ven sus vidas como consentidas y desperdiciada ansían igualdad y fraternidad más que la libertad. Si claman por la libertad, es solo la libertad para establecer la igualdad y la uniformidad. La pasión por la igualdad en parte es una pasión por el anonimato: ser un hilo de los muchos que hacen la túnica; un hilo que no se distingue de los demás. De esa manera, nadie nos puede señalar, compararnos con otros y exponer nuestra inferioridad".[8]

El actor anhela atención. Pero vive en un mundo ficticio. Una vez que logra la fama, desea que su fama se utilice para lograr relevancia. La atención y la fama aparentarían estar en desacuerdo con el anonimato, pero el actor encuentra el anonimato en la fraternidad más grande que es Hollywood y su relevancia yace en las causas de esta hermandad —desde el marxismo en la década de los cuarenta al calentamiento global de hoy en día. Son pocos los actores que desafían a la fraternidad.

El Estatista también recibe ayuda de los medios, ya que los medios son los parásitos del Estatista —no del gobierno propiamente dicho, sino del Estatista. Recopilan información producida por el Estatista y la reproducen para las masas. La relación entre el Estatista y los medios es simbiótica. El Estatista protege a los medios y realza su influencia al censurar el discurso de otros, en general con la insistencia de los medios. Hoy en día, las leyes financieras de las campañas limitan la cantidad de recursos que pueden utilizar los individuos para hablar sobre los candidatos a sus compatriotas durante una refuta política. Y aunque se logre recaudar los recursos necesarios, el Estatista prohíbe el uso de estos en la comunicación emitida al aire durante los días cruciales previos a la elección. Por lo tanto, el individuo debe depender desmesuradamente de los medios para diseminar información.

Hasta el punto que los focos de independencia que desafían al Estatista son tratados como tumores que deben ser aislados y extirpados para alcanzar la pureza del cuerpo político. Hay esfuerzos actuales para resucitar la llamada Fairness Doctrine (la doctrina de la imparcialidad) y complicidades similares —las cuales circunscribirían el contenido del discurso en los programas radiofónicos— simplemente porque el foro generalmente es hostil hacia el Estatista.[9] Los medios condenan vias alternativas de información en Internet, las cuales no confirman su contenido a través de los editores de los medios. Ahora hay rumores sobre la regulación de Internet, lo cual ocurre en lugares como China. Por supuesto, el Estatista dice que estas estrategias castrantes en realidad promueven el discurso, o el discurso responsable, y de este modo disfraza sus motivos reales.[10]

Los medios cantan como un coro griego opositor, agrandando el mantra a favor de una mayor autoridad estatista. No importa cuan fuerte sea la economía, ellos declaran la amenaza inminente de una recesión o depresión. Y cuando existe penuria económica, a menudo en manos del Estatista, ellos se juntan con el Estatista para condenar al mercado libre y abogan por más control gubernamental. Poco importa el progreso en las relaciones raciales, insisten que hay un racismo galopante. En las semanas previas a la elección del presidente Barack Obama, los medios informaron repetidamente sobre los ciudadanos racistas que le negarían la victoria a Obama si fuese a perder. Poco importa el avance del sistema de salud, los medios lo pintan como inferior a todos los demás, con historias anecdóticas de incompetencia y servicios negados para promover las propuestas estatistas sobre el cuidado de la salud. Raramente se ve a los medios informando sobre el fracaso sistemático de los experimentos de cuidado de salud nacional inglés y canadiense. Es más, como sus almas gemelas en la academia y en Hollywood, en general los enemigos del Estatista son los enemigos de los medios, lo cual se ve reflejado en su hostilidad hacia la individualidad y la propiedad privada. Su efecto es ablandar al pueblo para que se vuelva receptivo a la contrarrevolución —o por lo menos disminuya su resistencia.

El apoyo al Estatista no se debe confundir con el apoyo al el estado en sí. El Estatista en sí criticará al estado, no con el propósito de reformar o reducirlo, sino para cambiarlo en nombre de su reforma. La contrarrevolución es una revolución constante, ya que el Estatista nunca puede librar al individuo o al estado de la imperfección y la desigualdad, sin importar lo mucho que lo intente. Sin embargo está obsesionado con esa tarea y se lo reconoce con gran compasión por el esfuerzo.

El escritor y filósofo inglés C. S. Lewis escribió: "De todas las tiranías, una tiranía ejercitada sinceramente para el bien de sus víctimas puede ser la más agobiante. Sería mejor vivir bajo magnates ladrones que bajo omnipotentes entrometidos morales. La crueldad del magnate ladrón a veces duerme, su codicia por momentos puede encontrarse saciada; pero aquellos que nos atormentan por nuestra propia buena voluntad nos atormentan sin fin porque lo hacen con la aprobación de su propia conciencia".[11]

3

SOBRE LA FE Y LA FUNDACIÓN

LA RAZÓN, SOLA, NO puede explicar por qué existe la razón. La ciencia, sola, no puede explicar por qué existe la ciencia. El descubrimiento y la aplicación de la ciencia por parte del hombre son productos de la razón.

La razón y la ciencia pueden explicar la existencia de la materia, pero no pueden explicar por qué existe la materia. Pueden explicar la existencia del universo, pero no pueden explicar por qué existe el universo. Pueden explicar la existencia de la naturaleza y la ley de la física, pero no pueden explicar por qué existen la naturaleza y la ley de la física. Pueden explicar la existencia de la vida, pero no pueden explicar por qué hay vida. Pueden explicar la existencia de la conciencia, pero no pueden explicar por qué existe la conciencia.[1]

La ciencia es un aspecto crítico de la existencia humana, pero no puede contestar todas las preguntas metafísicas. En este aspecto, la ciencia es un callejón sin salida dentro del cual los ateos se niegan a razonar. La razón en sí le informa al hombre de sus propios límites y, al hacerlo, lo dirige hacia el descubrimiento de una fuerza más grande que él mismo —una fuerza sobrenatural responsable de los orígenes no solo de la existencia humana sino de toda la existencia, y que en sí siempre ha existido y siempre existirá. Para la mayoría, lo sobrenatural se revela con el Creador —Dios. El hombre busca la guía de Dios a través de la fe y la oración. El Agnóstico acepta lo sobrenatural, pero no está tan seguro de la forma de su existencia. El Deísta acepta que Dios creó el universo y la condición del hombre, pero dejó en manos del hombre comprender todo a través de la razón. El hombre es más que una criatura física. Como bien argumentó Edmund Burke, cada individuo es creado como un ser único, espiritual, con un alma y una conciencia y está ligado a un orden moral transcendente establecido por la Providencia Divina y descubierto a través de la observación y la experiencia a través del tiempo.[2] "Hay tan solo una ley para todos, concretamente, aquella ley que gobierna toda ley, la ley de nuestro Creador, la ley de la humanidad, la justicia, la equidad —la ley de la naturaleza y las naciones".[3] Esta es la Ley Natural que penetra la existencia del hombre y la cual los Fundadores adoptaron como el principio alrededor del cual la sociedad civilizada estadounidense sería organizada.

La Declaración de la Independencia hace un llamado a "las Leyes Naturales y al Dios de la Naturaleza". Y dice: "Sostenemos como evidentes estas verdades: que todos los hombres son creados iguales; que son *dotados por su Creador* de ciertos derechos inalienables; que entre estos están la vida, la libertad y la búsqueda de la felicidad".

Los Fundadores eran hombres iluminados, pero no puramente

de la Ilustración. Eran hombres sumamente educados y bien informados que se destacaban en la razón y se adherían a la ciencia
pero no veneraban a ninguna de las dos. Las comprendían —sus
fortalezas así como sus debilidades. Los firmantes de la Declaración eran congregacionalistas, presbiterianos, anglicanos, unitarios y católicos apostólicos romanos. Se cree ampliamente que al
menos dos de los Fundadores, Thomas Jefferson y Benjamin
Franklin, eran deístas. Eran hombres de confesiones variadas pero
unidos y empáticos en la creencia de que el Creador era el origen
de su existencia y la fuente de su razón.

   ¿Será posible que no haya Ley Natural y que el hombre pueda
conocer el orden moral y los derechos inalienables por medio de
su propio razonamiento, sin la ayuda de lo sobrenatural o Dios?
Están aquellos, claro, que sostienen este argumento —incluyendo
los ateos y otros que intentan distinguir la Ley Natural de la Divina Providencia. No es la visión adoptada por los Fundadores.
Esta posición parecería llevar al hombre a crear una moralidad y
derechos arbitrarios —correcto e incorrecto, justo e injusto,
bueno y malo, serían conceptos relativos susceptibles a las aplicaciones circunstanciales. Además, ¿con qué justificación serían "la
vida, la libertad y la búsqueda de la felicidad", "derechos inalienables" si no hay Ley Natural, ya que la razón sola no las puede hacer
inviolables? Entonces, ¿qué es la Ley Natural si su origen es desconocido o rechazado? No es más que un concepto humano. Un
individuo puede beneficiarse del orden moral y los derechos inalienables con los que funciona la sociedad mientras rechaza su
origen Divino. Pero la sociedad civil no se puede organizar de esa
manera. Se volvería muy inestable y vulnerable a la anarquía y la
tiranía, arriesgando todo dentro de sí, especialmente el individuo.

El abandono de la Ley Natural es la adopción de la tiranía en una forma u otra, porque no hay alternativa compasiva o benévola a la Ley Natural.

Algunos se resisten a la idea de la relación entre la Ley Natural y la Divina Providencia por miedo a que lleve a la intolerancia o hasta la teocracia. Pero es al revés. Si el hombre es "dotado por su Creador de ciertos derechos inalienables", es dotado con estos derechos sin importar su religión o si tiene lealtad a cualquier religión. Es la Ley Natural, creada por Dios y descubierta por la razón, que prescribe la inalienabilidad de los derechos humanos más fundamentales y eternos —derechos que no son concedidos al hombre por el hombre y, por lo tanto, no pueden ser legítimamente negados al hombre por el hombre. Es la naturaleza Divina de la Ley Natural que hace permanente el derecho del hombre a "la vida, la libertad y la búsqueda de la felicidad". En la última oración de la Declaración los Fundadores proclamaron: "Y en apoyo de esta Declaración, con absoluta confianza en la protección de la *Divina Providencia*, empeñamos nuestra vida, nuestra hacienda y nuestro sagrado honor".

¿Y qué hay del papel del gobierno en la religión o viceversa? Previo a su fundación, Estados Unidos fue una tierra colonizada por personas mayormente de Europa, y muchas de ellas estaban escapando la persecución religiosa. Por lo tanto, varias colonias tenían características religiosas y confesionales definidas. Los puritanos (y luego los baptistas y congregacionalistas) estaban concentrados en Nueva Inglaterra, los cuáqueros en Pensilvania, los católicos en Maryland, etc. Varias de las colonias estaban sumergidas en la religión, algunas más que otras, y algunas eran más tolerantes en cuanto a la diversidad religiosa que otras. Muchos colonizadores llegaban a Estados Unidos en busca de una oportunidad económica y se congregaban en lugares como Nueva York, Nueva Jersey y Georgia.

En 1776, cuando los representantes de las colonias firmaron la Declaración, lo hicieron por primera vez como representantes de *estados* y como parte de una cuasi confederación. La designación de las colonias como estados no borró las largas historias y tradiciones de las colonias previas. Muchas continuaron fomentando la religión con impuestos y subvenciones de tierras. Algunos estados requerían que los oficiales afirmaran su lealtad a una religión en particular o secta religiosa por medio de un juramento, aunque esta costumbre fue abandonada luego de la fundación. Y algunos estados continuaron discriminando ciertas religiones. Pero cuando se ligaron a los principios de la Declaración, se ligaron, entre otras cosas, a la libertad religiosa. No muchos comprenden que la Declaración fue una declaración de libertad política y religiosa.

A pesar de sus diferentes confesiones, el cristianismo fue y es la religión dominante de Estados Unidos. No se disputa que los valores y las tradiciones judeo-cristianas han influenciado e influencian las leyes y políticas fundamentales de Estados Unidos. Sin embargo, a pesar de sus varias prácticas y aplicaciones en las colonias y en los primeros años de los estados, el cristianismo en sí no predica la dominación operacional sobre la entidad política ni busca justificación en ella, incluso cuando fomenta y defiende sus enseñanzas a través del proselitismo y el activismo. Haciendo el contraste entre el cristianismo y el Islam en este caso, Alexis de Tocqueville observó que "Mohammed profesó derivar del cielo, y ha agregado al Korán no solo un cuerpo de doctrinas religiosas, sino máximas políticas, leyes civiles y criminales y teorías sobre la ciencia. El Evangelio, por el contrario, solo habla de la relación general entre los hombres y Dios y entre ellos —más allá de lo cual no inculca ni impone un punto de fe…".[4]

En Arabia Saudita, la Ley Básica mantiene que "la constitución de la nación consiste en el Quran y el Sunna, las acciones y los dichos de los profetas como fueron registrados en el Hadith… Los consejos religiosos supremos dictan cómo aplicar la ley islámica y, en gran parte, tiene el poder de veto sobre la legislación".[5] La ley islámica, o *sharia*, establece los aspectos más complicados de la vida diaria, desde política y finanzas a citas románticas e higiene. No hay, ni nunca hubo, apoyo para un concepto nacional de este tipo en Estados Unidos.

Los Redactores de la Constitución escribieron la Primera Enmienda para incluir las palabras "El Congreso no establecerá ninguna ley respetando un establecimiento religioso o prohibiendo el ejercicio libre del mismo…" *porque* ellos creían que el establecimiento de una teocracia sería destructivo para la libertad en general y la libertad religiosa en particular. Aunque la Primera Enmienda, con su intención y aplicación original, no afectaba a los estados, su adopción por parte del Congreso federal y su ratificación por parte de los estados demostró un consenso nacional de que la libertad y la libertad religiosa eran inseparables, el mismo consenso nacional que motivó a los firmantes de la Declaración. Los Fundadores fueron extraordinariamente previsores. No es por accidente que los estadounidenses se encuentran entre las personas más religiosas y tolerantes del mundo.

Sin embargo, para el Estatista, la Declaración es un impedimento a sus confabulaciones. El Estatista no puede tolerar la existencia de la Ley Natural y el descubrimiento del hombre de los "derechos inalienables" otorgados a todos los individuos por "su Creador". En ideología y práctica, el Estatista cree que los derechos no son una condición de la existencia del hombre, sino que solo siempre y cuando el Estatista los ratifique. Además, los derechos no le pertenecen a los individuos. Se deben racionar por medio del estado —concedidos a aquellos que el Estatista cree se los merecen, y negados a aquellos que el Estatista cree no se los merecen. Él solo reconoce aquella ley que él mismo estableció, la cual se puede cambiar o aplicar arbitrariamente cuando él diga. El Estatista puede envolverse a sí mismo y sus hechos en el idioma iluminado —declarando ser la voz de la razón, el observador del conocimiento y el arquitecto de la modernidad—, pero la historia reciente lo ha mostrado como un ignorante en cuanto a su comprensión de la humanidad, el orden moral, la libertad y la igualdad. Los Estatistas han iniciado revoluciones sangrientas seguidas de períodos violentos de terror en Francia, Rusia, Alemania, China y otras partes, siempre bajo las banderas del populismo democrático, el marxismo, el nacionalsocialismo y el fascismo. Para el Estatista, la revolución es una empresa en desarrollo, ya que regularmente limpia la sociedad del dogma religioso, las tradiciones anticuadas, las costumbres atrasadas y los individuos ambiciosos que difieren con o bloquean los planes del Estatista. El Estatista llama a esto muchas cosas, incluyendo "progresista". Para los demás es tiranía.

¿El Estatista es laico o viceversa? La persona laica puede creer en lo sobrenatural o Dios y practicar una religión, pero comparte el objetivo del Estatista de excluir sus influencias de la vida pública. Si tal persona laica también comparte los fines igualitarios del Estatista, ella es uno con el Estatista —un Estatista religioso o un laico religioso, si se quiere— extrañamente apoyando la Iluminación sin la Ley Natural y la promesa del Estatista del cielo en la tierra. Además, el Estatista puede expresar su política con la semántica de la religión para desarmar a los creyentes y conseguir su apoyo para simultáneamente avanzar su agenda laica y, al fin, estatista. Una persona laica también puede ser un Estatista sin Dios ni religión.

No es casualidad que con el ascenso del estatismo del New Deal, también ascendiera el laicismo. Tampoco es sorprendente que el laicismo tuviera su presencia más destacada, no en las filas de los representantes del pueblo, sino de la magistratura.

En 1947, en el caso de *Everson v. Board of Education*, el juez asociado de la Corte Suprema Hugo Black, escribiendo para una mayoría de 5 a 4, afirmó que "ningún impuesto, en ninguna cantidad, grande o pequeña, puede ser cobrado para apoyar actividad o institución religiosa alguna, cualquiera sea su nombre o la forma que adopten para enseñar o practicar la religión".[6] Agregó, "La Primera Enmienda ha levantado una pared entre la iglesia y el estado. Esa pared se debe mantener alta e impenetrable. No podríamos aprobar ni la más mínima infracción".[7]

Black fue el primer juez asignado a la Corte Suprema por Franklin Roosevelt. Era senador por Alabama —y un defensor fiable del New Deal en el Senado y en la Corte. También había sido miembro del Ku Klux Klan en la década de los veinte y era hostil hacia la iglesia católica. Según el hijo de Black: "El Ku Klux Klan y papá, por lo que yo veía, tenían una cosa en común. Él sospechaba de la iglesia católica. Solía leer todos los libros de Paul Blanshard exponiendo el abuso de poder en la iglesia católica.

Pensaba que el Papa y los obispos tenían demasiado poder y propiedad. Resentía el hecho de que la Iglesia no tuviera que pagar impuestos por su propiedad de alquiler; sentía que recibían la mayoría de sus ingresos de los pobres y no devolvían lo suficiente".[8]

Cualesquiera fueran las motivaciones de Black, orquestó una traición espantosa de la fundación de Estados Unidos y logró reescribir la Primera Enmienda para que dijera lo que los Redactores nunca hubieran aceptado.

El presidente del tribunal William Rehnquist abogó en 1985 en el caso *Wallace v. Jaffree*, "La cláusula de establecimiento de la [Primera Enmienda] no requería la neutralidad del gobierno entre la religión y la irreligión ni tampoco prohibía al gobierno federal proveer ayuda sin discriminación a la religión. Simplemente no hay un fundamento histórico para la propuesta de que los Redactores tenían la intención de levantar una 'pared aislante' que fue constitucionalizada en *Everson*".[9]

De hecho, los Fundadores no exigían la ayuda sin discriminación a la religión, ya que existía durante la fundación y ratificación de la Constitución. Ellos rechazaron el establecimiento de una religión nacional, brindándole la libertad a los estados para que tomaran sus propias decisiones. Y para cuando se decidió el caso *Everson*, los pocos estados que habían establecido iglesias ya hacía tiempo las habían abolido. Aun así, el decreto de *Everson* se aplicaba a todos los niveles del gobierno porque la Corte no estaba preocupada con el establecimiento de la teocracia sino con establecer un gobierno laico. Y, posteriormente, las cortes extendieron *Everson* para significar la exclusión de referencias a Dios en ciertos escenarios públicos. Un repudio más riguroso de los principios fundadores de la nación —de la Ley Natural y los derechos inalienables dados por Dios— sería difícil de inventar. De hecho, como bien escribió el profesor Thomas G. West de la Universidad de Dallas: "La Corte Suprema permitirá que se enseñe la teología de la Declaración en el salón siempre y cuando se comprenda que pertenece a un 'mundo que está muerto y desaparecido', que no tiene nada que ver con el mundo en el que vivimos en el aquí y ahora, que no es una fe viva que sostiene a Dios como la fuente de nuestros derechos, el autor de las leyes naturales y el protector y Juez Supremo de Estados Unidos".[10]

Una teocracia no es establecida si ciertas escuelas públicas permiten que sus estudiantes recen al comenzar el día, o participen en las asambleas de Navidad y Pascuas; o si ciertos distritos escolares transportan estudiantes parroquiales a sus escuelas religiosas como parte de su recorrido del autobús del distrito; o si ciertas comunidades eligen construir un pesebre en el terreno de la municipalidad o exponer los Diez Mandamientos arriba de las escaleras del palacio de justicia. El individuo no se encuentra obligado a cambiar su afiliación religiosa, ni siquiera tiene que aceptar la existencia de Dios. No tiene la obligación de rendirle culto a algo en contra de sus creencias, ni siquiera tiene que rendirle culto a algo. Algunos pueden sentirse incómodos u ofendidos por estos eventos, pero los individuos se encuentran incómodos todo el tiempo con respecto a todo tipo de actividad gubernamental. Algunos pueden oponerse al uso de sus impuestos para apoyar a estos eventos. ¿Y qué? Los individuos se oponen a la forma en que el gobierno usa sus impuestos todo el tiempo. Eso no hace que el uso sea inconstitucional. Mientras que todas las religiones pueden no tener el mismo acceso a estos lugares públicos, en general tienen la libertad para comportarse como quieren, desinhibidos ante la comunidad, siempre y cuando no participen en prácticas criminales o inmorales. Sin embargo, estas expresiones *pasivas* de la libertad religiosa, las cuales representan la religión o confesión religiosa dominante, deben, según el laico y la corte, ser abandonadas.

Las cortes estadounidenses hoy son consejos laicos supremos, que, como los consejos supremos religiosos del Islam, dictan todo tipo de comportamiento aprobado en cuanto a la religión. Mientras que los consejos supremos religiosos hacen cumplir la ley islámica, los consejos supremos laicos han asumido la misión de segregar a Dios y la religión de la vida pública y se han sumergido en temas religiosos. Ninguno de los consejos tolera perspectivas opuestas o diversas, insistiendo que sus fallos son la última palabra para toda la sociedad.

Se debe hacer y responder la siguiente pregunta: ¿Es posible que el Conservador sea laico? Hay conservadores que se autoidentifican como laicos, crean o no en Dios o adopten o no una religión, y no está en los demás negarles sus propias creencias. Sin embargo, se debe observar que la Declaración se contrapone al laico. Por ende, el Conservador se enfrentaría a un desafío tan grande como el de cualquier otro que quiera hacer coherente aquello que es irreconciliable.

Además, para el Conservador, como lo fue para Burke y los Fundadores, la fe no es una amenaza a la sociedad civil sino más bien vital para su supervivencia. Alienta al individuo a que se adhiera personalmente al dogma que promueve el control, la obligación y el comportamiento moral, que no solo beneficia al individuo sino a las multitudes y a la sociedad en general. Como bien escribió George Washington en su Discurso de Despedida: "De todas las disposiciones y costumbres que llevan a la prosperidad política, la religión y la moralidad son resultados indispensables… y, con cautela, permitamos la suposición de que la moralidad se puede mantener sin la religión".[11]

Los intentos de estigmatizar como "fanáticos religiosos" o marginalizar como "extremistas sociales" a aquellos individuos que resisten las imposiciones laicas del Estatista —ya que ellos son la coacción detrás del declive moral y cultural de Estados Unidos— es condenar al conservadurismo, a los Fundadores y a la sociedad civil. ¿Cómo se puede decir, como a menudo se dice, que el orden moral viene después de la libertad cuando uno no puede sobrevivir sin el otro? Un pueblo no puede permanecer libre y civilizado sin propósitos morales, límites y obligaciones. ¿Qué quedaría sino el relativismo manifestándose como anarquía, seguido por tiranía y fuerza bruta? Para el Conservador, "los temas sociales" relacionados a la vida y al estilo de vida, probados por la experiencia humana a través de los siglos, no son meras costumbres personales y creencias, sino que merecen también fomentarse a través de la sociedad.

En su discurso de 1964 aceptando la nominación republicana para la presidencia, el senador Barry Goldwater declaró que "aquellos que elevan al estado y degradan al ciudadano deben ver, en última instancia, un mundo en donde el poder terrenal se puede sustituir por la Voluntad Divina, y esta Nación fue fundada en base al rechazo de esa noción y sobre la aceptación de Dios como el autor de la libertad".[12] A pesar de que, años más tarde, Goldwater denunció a ciertos prosélitos, aquí, en su discurso más importante, su llamado a la voluntad de Dios y la fundación —ligando uno con el otro— no podría haber sido más inequívoco.

4

SOBRE LA CONSTITUCIÓN

EL LENGUAJE CONSISTE EN palabras, las palabras tienen significados normales y comunes, y esos significados se comunican a
otros a través de la palabra escrita o hablada. Cuando los partidos
hacen arreglos voluntarios, como contratos, usan palabras para
describir los términos y condiciones bajo los que son obligados a
actuar y en los que se espera confíen. Los contratos son interpre-
tados, y las intenciones de los partidos discernidas, en el contexto
de su creación original.

El Conservador es un *originalista*, ya que cree que al igual que
un contrato, la Constitución describe ciertos términos y condiciones para gobernar que mantienen el mismo significado hoy que
mantenían ayer y deberían mantener mañana. Conecta a una generación con la siguiente al limitar la experimentación social y el
exceso gubernamental de la generación presente. Realmente no
hay otro estándar con el que se pueda interpretar la Constitución
sin completamente abandonar sus principios subyacentes.

Si el significado de la Constitución puede ser borrado o rees-
crito, y las intenciones de los Redactores pueden ser ignoradas,
deja de ser una constitución y en su lugar es un revoltijo de expe-
dientes políticos que sirve las agendas de políticas contemporáneas de los pocos a quienes se les ha encomendado la autoridad
pública de preservarlo.

Como bien explicó James Madison, el "padre" de nuestra
Constitución:

*Estoy totalmente de acuerdo con la propiedad de recurrir al sen-
tido en el que la Constitución fue aceptada y ratificada por la
nación. En ese sentido solo, es la Constitución legítima. Y si esa
no fuese la guía para exponerla, no podrá haber seguridad para
ejercer sus poderes de una manera consistente y estable, como
tampoco fiel. Si el significado del texto se busca en el significado
cambiante de las palabras que lo componen, es evidente que las
formas y atributos del Gobierno deben participar de los cambios
a los que están sujetos las palabras y frases de todas las lenguas
vivas. Qué metamorfosis se produciría en el código de la ley si
toda la fraseología antigua fuera interpretada en su sentido moderno. Y que el lenguaje de nuestra Constitución ya está experimentando interpretaciones desconocidas para sus fundadores,
creo, será aparente para todos los Inquisidores imparciales en la
historia de su origen y adopción.*[1]

Decir que la Constitución es un "documento vivo y en movimiento" es darle licencia al activismo arbitrario y sin ley. Es un
mantra que tomó impulso a principios del siglo XX y es desfilado
por los Estatistas como para legitimar aquello que es ilegítimo.[2]

Thomas Jefferson, en una carta de 1803 al senador Wilson Cary Nicholas de Virginia con respecto a la Compra de Louisiana, explicó:

Nuestra peculiar seguridad está en posesión de una Constitución escrita. No hagamos de ella un papel en blanco en su construcción. Digo lo mismo en cuanto a la opinión de aquellos que consideran el reconocimiento del poder de la elaboración del tratado como ilimitado. Si es así, entonces no tenemos Constitución. Si tiene límites, no deben ser más que las definiciones de los poderes que nos otorga ese instrumento. Especifica y define las operaciones permitidas al gobierno federal, y le da todo el poder necesario para llevarlas a cabo. Cualquiera de estos objetos enumerados que sean adecuados para una ley, el Congreso puede hacer dicha ley; lo que sea adecuado para ejecutarse por medio de un tratado, el Presidente y el Senado pueden entran en el tratado, lo que sea que se haga por medio de una sentencia judicial, los jueces pueden pasar la sentencia.[3]

La Constitución es el fundamento sobre el cual una nación viva y en desarrollo fue creada. Es —y debe ser— una fundación atemporal y a su vez duradera en la que los individuos pueden confiar en un mundo cambiante. No es perfecta, pero los Redactores la hicieron más perfectible a través del proceso de enmiendas.

El Conservador busca descubrir el significado de la Constitución de sus palabras y del contexto histórico de estas, incluyendo una variedad de fuentes originales —registros de debates públicos, diarios personales, correspondencia, notas, etc. Mientras que las personas razonables pueden, en buena fe, llegar a diferentes conclusiones sobre la aplicación de este estándar interpretativo, es el único estándar que le brinda fidelidad a la Constitución.

Y donde la Constitución permanece en silencio, los estados y los individuos no lo deben estar. La Constitución y, en particular, la estructura del gobierno que establece, no tienen como intención tratar cada tema o responder a cada queja percibida. Esto no es un defecto sino una fortaleza, porque la intención fue que el gobierno fuese limitado.[4]

Al Estatista no le interesa lo que dijeron o la intención que tuvieron los Redactores. Él está interesado solo en lo que *él* dice y lo que *él* pretende. Consideremos el poder judicial, que se ha adjudicado el papel más dominante interpretando la Constitución. Cuando un asistente jurídico le preguntó al ya fallecido juez de la Corte Suprema Thurgood Marshall sobre su filosofía judicial, este respondió: "Haces lo que crees *correcto* y dejas que la ley lo alcance".[5] La respuesta del difunto juez Arthur Goldberg no fue mejor. Un asistente jurídico recuerda que Goldberg le dijo que su enfoque era determinar "cuál es el resultado *justo*".[6] Aun otros son convencidos por las distorsiones semánticas del Estatista, arguyendo que el trabajo del juez es extender la *democracia*[7] o la *libertad*.[8]

El Conservador puede hacer las siguientes preguntas: Si las palabras y sus significados pueden ser manipulados o ignorados para promover las preferencias políticas del Estatista, ¿entonces qué condiciona la lealtad a las palabras del Estatista? ¿Por qué deben generaciones futuras estar sujetas a la ley de hoy si esta generación no está sujeta a la ley de ayer? ¿Por qué debe el precedente judicial condicionar a la nación si la Constitución en sí no lo hace? ¿Por qué debe cualquier determinación judicial basada en la noción de un juez sobre lo que es "correcto" o "justo" condicionar al individuo si este cree que la noción es incorrecta e injusta? ¿Acaso la ausencia de la ley no engendra la ausencia de la ley? ¿O es que en realidad el Estatista está diciendo que la ley es lo que él dice que es, y ese es el principio y fin de la cosa? Y si los jueces determinan lo que es correcto y justo para la sociedad, y si su propósito es extender la democracia o la libertad, ¿cómo es posible que el poder judicial sea igual a las ramas ejecutiva y legislativa?

El Estatista considera al poder judicial su camino más directo para amasar autoridad, ya que a través de este puede declarar lo que es la ley sin el desafío efectivo o la preocupación del resultado pasajero de un ciclo electoral. Además, el poder judicial federal está poblado de alrededor de mil abogados —y la Corte Suprema tiene solo nueve— haciendo que la infiltración del Estatista sea fácil. Hasta cuando tiene un cargo alto en la rama ejecutiva o legislativa, el Estatista de hoy busca maneras de realzar la autoridad judicial a costa de su propia rama, ya que al hacer esto busca inmunizar su agenda de un posible cambio en la actitud pública. Y el Estatista en la Corte tolera el gobierno representativo solo en la medida en que sus decisiones reafirmen su fin. Si no, lo deniega.

Hubo un momento en que Franklin Roosevelt, el presidente preferido del Estatista, fue un Originalista que respetaba las sabias formulaciones y propósitos de la Constitución. En 1930, como gobernador de Nueva York, dio un discurso condenando "la doctrina de la regulación por 'cerebros', con cuyo juicio y voluntad toda la gente debe asentir… Si fuese posible encontrar 'cerebros' tan desinteresados, tan dispuestos a decidir sin vacilar en contra de sus propios intereses o prejuicios privados, hombres endiosados en su capacidad de sostener la balanza de la Justicia con una mano equilibrada, tal gobierno podría serle interesante al país, pero no hay tales en nuestro horizonte político, y no podemos esperar un cambio total de todas las enseñanzas de la historia".[9] Agregó: "Ahora, para propiciar un gobierno a través de la oligarquía disfrazada de democracia, es fundamental que prácticamente toda la autoridad y el control se centre en nuestro Gobierno Nacional".[10]

Pero, en fin, Roosevelt pasó a ser el mismo "cerebro" que había denunciado anteriormente en su carrera política. En su discurso al Congreso sobre el Estado de la Nación de 1944, Roosevelt declaró: "Esta república tuvo sus comienzos, y llegó a su presente fuerza, bajo la protección de ciertos derechos inalienables —entre ellos el derecho a la libertad de expresión, la libertad de prensa, la libertad de culto, el juicio con jurado, la libertad de no ser sometidos a búsquedas y confiscaciones sin razón. Esos eran nuestros derechos a la vida y la libertad".[11] Pero para Roosevelt, estos derechos ya no eran suficientes. Su próximo paso fue proponer una "Segunda Declaración de Derechos" basada en "la seguridad y la prosperidad".[12]

El derecho a un trabajo útil y lucrativo en las industrias o las tiendas o las granjas o las minas de la Nación; a ganar lo suficiente para proveer comida y ropa y recreación adecuada; a que cada granjero cultive y venda sus productos con un rendimiento que le brindará a él y a su familia una vida decente; a que cada empresario, grande y pequeño, pueda comerciar en un ambiente libre de competencia y dominación injustas por monopolios en casa o en el extranjero; a que cada familia tenga un hogar decente; a una protección adecuada de los miedos econó-

*micos de la vejez, la enfermedad, los accidentes y el desempleo;
a una buena educación.*[13]

Esto es tiranía disfrazada. Estos no son derechos. Son las promesas falsas de utopianismo del Estatista, que el Estatista utiliza para justificar su entrada ilegal en la propiedad privada del individuo. La Libertad y la propiedad privada van de la mano. Al dominar una el Estatista domina a ambas, ya que si el individuo no puede guardar o disponer del valor que él crea por medio de su propio trabajo intelectual y/o físico, existe para servir al estado. La "Segunda Declaración de Derechos" y su progenie legal y política requieren que el individuo entregue el control de su destino al gobierno.

Y hay un movimiento en marcha entre el profesorado para imponer ese mismo resultado —no a través de la urna, sino con la desviación constitucional.

El profesor de Derecho de la Universidad de Georgetown Robin West arguye que "necesitamos... una jurisprudencia progresista —una jurisprudencia que acepta en vez de resistir, y que luego reinterpreta, nuestro compromiso liberal a la "ley", el contenido de nuestros derechos individuales y el sueño de la igualdad formal. Interpretaciones más inclusivas —reimaginaciones más generosas— podrían entonces asegurar, y de una manera recta, los argumentos constitucionales. En vez de implacablemente sacudir, deconstruir y vilipendiar la aparente "naturalidad" de los argumentos legales basados en premisas morales, deberíamos estar proporcionando dichas premisas, y argumentos naturales y generales propios. Pero primero debemos re-imaginar".[14] También ha promovido la perspectiva de que la cláusula de protección equitativa

de la Decimocuarta Enmienda le quita legitimidad a la desigualdad social y económica.[15] El profesor de Derecho de Yale, Bruce
Ackerman, dice que su "meta es rescatar la promesa perdida de la
visión de la Decimocuarta Enmienda de una ciudadanía nacional
a través de la promulgación de un marco de estatutos y el desarrollo judicial del significado de 'privilegios' e 'inmunidades' de la
ciudadanía estadounidense".[16]

Aquí está la parte pertinente de la Decimocuarta Enmienda:

> *Todas las persona nacidas o naturalizadas en los Estados Uni-*
> *dos y sujetas a su jurisdicción, son ciudadanos de los Estados*
> *Unidos y del Estado en el que residen. Ningún Estado decretará*
> *o impondrá ninguna ley que abrevie los privilegios o las inmuni-*
> *dades de los ciudadanos de los Estados Unidos; ni tampoco nin-*
> *gún Estado privará a persona alguna de la vida, la libertad o la*
> *propiedad, sin el debido proceso de la ley; ni le negará a persona*
> *alguna dentro de su jurisdicción la protección equitativa de las*
> *leyes.[17]*

Ninguna persona alfabetizada puede comprender la Decimocuarta Enmienda con el significado que los Estatistas en la academia dicen que tiene. La Decimocuarta Enmienda tenía la
intención de otorgarle a los afroamericanos los mismos derechos
que existen para todos los americanos, no instalar un régimen totalmente ajeno de igualitarismo económico y social.[18] El Estatista
deliberadamente distorsiona no solo la intención de los Redactores al adoptar la Constitución, sino también las acciones de los
Congresos y las legislaturas estatales posteriores al enmendar la
Constitución.

Y estas son las comunidades académicas donde se desarrollan y de donde se eligen futuros jueces.

A esta altura, ya debería quedar claro que el debate sobre la interpretación constitucional es falso. El Estatista no está interpretando sino manipulando. Como bien dijo el profesor Ackerman: "La visión progresista de estructuras se centra en la economía —necesita ser constitucionalizada en estructuras para hacer real la noción de una ciudadanía en común".[19] Por ende, la agenda del Estatista tendría un mandato constitucional, dejando a las ramas representativas y, ultimadamente, al pueblo, sin salida.

El ex profesor de Derecho de la Universidad de Harvard y actual oficial de la administración de Obama, Cass Sunstein, uno de los mayores defensores de la desvinculación de los derechos de la libertad y la propiedad —y el probable futuro candidato del presidente Barack Obama a la Corte Suprema— considera que la "Segunda Declaración de Derechos" de Roosevelt está entre los más grandiosos discursos. Por ende, es importante que se le preste algo de atención a Sunstein.

Sunstein cree que el valor económico y la propiedad privada no son acontecimientos naturales en la interacción humana sino una consecuencia del gobierno y la ley. Por lo tanto, él y otros "realistas" legales aseguran que la autoridad gubernamental debería usarse para explotar y redistribuir la riqueza. Como bien explica Sunstein:

Si algunas personas tienen mucho y otras poco, la ley y la coacción legal son gran parte de la razón. Claro que muchas personas trabajan duro y muchas otras no. Pero la distribución de la riqueza no es solo un producto del trabajo duro; depende de una red coactiva de derechos y obligaciones legales. Los realistas se quejaron de que ignoramos hasta qué punto tenemos lo que tenemos y hacemos lo que hacemos por la ley. Ellos sostenían que el pueblo tiende a ver como "voluntarias" y "libres" las interacciones que están atravesadas por la fuerza pública. Desde su punto de vista, las leyes de propiedad, contrato y agravio son creaciones sociales que adjudican ciertos derechos a algunas personas y se los niegan a otras. Estos estilos de leyes representan las "intervenciones" a gran escala del gobierno en la economía. Son coactivas al punto en que le prohíben a la gente comprometerse en actividades deseadas. Si las personas sin hogar no tienen dónde vivir, no es por la voluntad o naturaleza de Dios. Es porque las leyes de propiedad están invocadas y forzadas para desalojarlas, si es necesario, a la fuerza. Si los empleados tienen que trabajar muchas horas y ganar poco dinero, es por las reinantes leyes de propiedad y contrato. Los realistas creen que no hay ningún problema con la propiedad privada, creen incluso que es buena, pero negaron que las leyes de propiedad pudieran identificarse con la libertad. A veces esas leyes no hacen justicia a la libertad.[20]

Hay miles de abogados brillantes que pueden enseñar ley constitucional. Pero hay relativamente pocas posiciones para docentes en la Escuela de Derecho de Harvard. ¿Estarán arregladas las reglas en la academia, donde Sunstein fue profesor titular antes de servir en el gobierno, ante la competencia de otros quienes pueden llegar a querer una oportunidad para adquirir el prestigio y el salario que conlleva tan distinguida posición? ¿Acaso la permanencia en la titularidad, en este caso y en general, no perjudica la libertad? Supuestamente Sunstein cree que se ha ganado su lugar.

Pero como su libertad y propiedad (su trabajo) no estaban ligados, y como el gobierno tiene la autoridad para determinar lo que es o no es un derecho de propiedad —y su correcta distribución—, si Sunstein hubiera sido obligado a entregar su puesto para darle lugar a un abogado más necesitado que codiciaba el profesorado, parecería, en la formulación de derechos de Sunstein, una función legítima del gobierno.

Sobre Sunstein, Ackerman y West, el difunto William F. Buckley, Jr., sin duda repetiría su comúnmente citada ocurrencia: "Prefiero estar gobernado por las primeras dos mil personas en la guía telefónica de Boston que por dos mil personas en el cuerpo docente de la Universidad de Harvard". [21] Como bien elaboró Buckley luego, "Hay más chance de un depósito del tipo de sabiduría con la que elijo ser gobernado entre la gente común que entre los doctorados de Harvard".[22]

La forma de pensar de Sunstein ignora ciertas realidades antropológicas de la especie humana. En la naturaleza, los progenitores del hombre casi nunca eran las criaturas más rápidas, fuertes, ágiles, letales o resistentes en cualquier situación. Además, el hombre tenía poco en cuanto a las protecciones innatas contra los extremos climáticos y las amenazas naturales a su existencia. Lo que separaba al hombre del resto del mundo animal era, en parte, su capacidad para adaptar su comportamiento y sobrellevar sus debilidades y dominar sus circunstancias. Una de las maneras fundamentales en que el hombre se adapta es adquiriendo y poseyendo propiedad. Es como hace su casa, encuentra o cultiva alimentos, hace ropa y en general mejora su vida. La propiedad privada no es un concepto artificial. Es endémico a la naturaleza humana y su supervivencia.

El "realismo" de Sunstein no es nuevo. Crea la opción falsa

entre la anarquía (donde no hay leyes que protegen al individuo, la propiedad privada y los contratos) y la tiranía (donde lo
soberano y solo lo soberano arbitrariamente adjudica derechos
fundamentales, incluyendo derechos de propiedad). Habiendo
declarado lo soberano primordial a Dios y la naturaleza, y habiendo desvinculado la libertad de la propiedad, el individuo debe
depender del gobierno para su sustento. Claro, la historia muestra
que el hombre pasará hambre y se congelará si depende del gobierno para su sustento —y también entrega su libertad.

Los "realistas" son un grupo arrogante que rechaza los principios fundadores de la nación. Enseñan que la Constitución no
debe ser interpretada con la intención de los Redactores —limitando la autoridad del gobierno federal a través de "derechos negativos", es decir, el derecho a no ser abusado o coaccionado por
el gobierno; en cambio, instan a que la Constitución se interprete
como forzando al gobierno federal a hacer respetar los "derechos
positivos", es decir, "la justicia económica y social" o "la Segunda
Declaración de Derechos". Los "realistas" planean transformar a
la sociedad civil a través del poder judicial —sin el consentimiento del pueblo y sin considerar la Constitución. Y están bien
posicionados para hacerlo. No se puede negar que el poder judicial ha asumido un papel de árbitro final de la Constitución y que
las otras ramas han asentido. Como tal, el poder judicial alienta
este tipo de delincuencia perniciosa.

El poder judicial de hoy en día se comporta como una convención constitucional en desarrollo, unilateralmente enmendando
la Constitución casi a voluntad propia. Una mayoría de los jueces
de la Corte Suprema ha, por momentos, hasta justificado el uso de
la ley extranjera al interpretar la Constitución.[23] La aplicación de

costumbres, tradiciones y valores que se atan a las culturas y leyes extranjeras no provee una perspicacia legítima de la Constitución de Estados Unidos y disminuye el papel contemporáneo de las ramas representativas del estado y la nación al escribir las leyes de Estados Unidos y enmendar (o no) la Constitución. La aplicación arbitraria de la ley extranjera —la cual le provee a un activista la justicia con un bufé infinito de opciones legales— es un rechazo al predicado para el sistema gubernamental de Estados Unidos. Y dura tanto como la próxima opinión.

En 1850, el filósofo francés Frédéric Bastiat, escribiendo sobre la ley, lo resumió bien:

> *Cuando [la ley] ha excedido sus funciones adecuadas, no lo ha hecho solo en temas intranscendentes o debatibles. La ley ha llegado más lejos que esto; ha actuado en oposición directa a su propio propósito. La ley ha sido utilizada para destruir su propio objetivo: Ha sido aplicada para aniquilar la justicia que debía mantener; limitando y destruyendo los derechos que en realidad debería haber respetado. La ley ha puesto la fuerza colectiva a la disposición de los inescrupulosos que desean, sin riesgo, explotar a la persona, la libertad y la propiedad de otros. Ha transformado el saqueo en un derecho, para proteger el saqueo. Y ha transformado la defensa justa en un crimen, para castigar a la defensa justa.*[24]

5

SOBRE EL FEDERALISMO

EN EL VERANO DE 1787, cuando los delegados de doce estados
se reunieron en Filadelfia para escribir los Artículos de la Confederación,[1] hubo muchos debates apasionados y detallados sobre el
poder y el alcance del nuevo gobierno federal y la importancia de
preservar y proteger la autoridad estatal existente. Los Redactores
sabían que debían reemplazar los Artículos, ya que no establecían
un sistema gubernamental viable en donde pudieran coexistir el
gobierno federal y el estatal, cada uno con sus funciones discretas
y autoridad independiente —y a su vez, en muchas formas, inter-
dependiente. Los Redactores determinaron que el gobierno nacional sólo podría tener el poder primario o exclusivo en áreas
limitadas —incluyendo la defensa nacional, la inmigración, la
emisión monetaria, el aumento de ingresos para manejar el gobierno nacional, las relaciones exteriores, el resolver los conflictos
entre estados y otras circunstancias específicas y enumeradas. En
todo lo demás, los estados retenían su autoridad.

La Décima Enmienda en general enfatiza la división de autoridad entre el gobierno federal y el estatal:

Los poderes no delegados a los Estados Unidos por la Constitución, ni prohibidos por ella a los Estados, están reservados para los Estados, respectivamente, o para el pueblo.[2]

¿Pero cuál era el propósito de este nuevo sistema "federal"? Junto con limitar el poder federal y separar ese poder en tres ramas que compitieran entre sí, el sistema federal ayudaría a asegurar que los principios de la Revolución, como se establecieron en la Declaración de la Independencia, y la misma sociedad civil se encontrarían protegidos.

Los estados son entidades gubernamentales que reflejan las personalidades, características, historias y prioridades de los individuos que eligen habitarlos. Tienen geografías, climas, recursos y pueblos diversos. No hay dos estados que sean iguales. Lo mismo se puede decir de las ciudades, los pueblos y las aldeas dentro de los estados, que suman decenas de miles y pintan el paisaje de la nación.

Los estados son más propensos a reflejar mejor los intereses de sus ciudadanos que el gobierno federal. Las localidades son aún más propensas a reflejar mejor estos intereses porque los que toman las decisiones vienen de las comunidades que gobiernan —se encuentran directamente afectados por sus decisiones. Incluso más, la interacción entre el pueblo y sus representantes a nivel estatal y local es más fácil y más directo. Cuando el gobierno federal traspasa los límites constitucionales, ataca la forma más pura de un gobierno representativo al reemplazar las decisiones representativas a nivel estatal y local. El gobierno federal ni siquiera puede comprender la diversidad de intereses que se ven afectados por sus decisiones. No puede medir adecuadamente los costos y los beneficios de sus decisiones en las comunidades. Aparte, ese no es su propósito. Busca dictar en vez de representar.

El federalismo tiene otros profundos beneficios. Como bien escribió el juez Louis D. Brandeis: "Un estado solo y valiente puede, si los ciudadanos así lo deciden, servir como un laboratorio; y puede probar novedosos experimentos sociales y económicos sin riesgo para el resto del país".[3]

Para los Redactores, "la experimentación", como el cambio, era una cuestión de prudencia. Como se ha descrito anteriormente, el cambio debe ser informado por la experiencia, el conocimiento y las tradiciones de la sociedad, hecho a medida para un propósito específico, y llevado a cabo a través de conceptos constitucionales que aseguren una deliberación atenta por parte de la comunidad. El cambio libre de cautela produce consecuencias impredecibles, amenazando la libertad ordenada con caos y al final con despotismo, y poniendo en riesgo los mismos principios que el Conservador valora.[4] Por lo tanto, aunque Brandeis tiene razón en reconocer la importancia de los estados experimentando con sus políticas públicas, su uso de la palabra *novedoso* sugiere una experimentación con final abierto o sin límites.

Sea cual fuere el tipo de experimentación en las que comunidades estatales y locales decidan participar, es correcto decir que sirven como ejemplos útiles para la adopción, modificación o rechazo por parte de otros estados o localidades. En la década de los ochenta, el experimento de la reforma de la asistencia social de Oregon fue tan exitoso que se volvió un modelo no solo para otros estados, sino para el gobierno federal.[5] El experimento en Milwaukee con los vales escolares provocó un esfuerzo similar en todo el país.[6] La experimentación, bien comprendida, es una característica dinámica del federalismo, que existe entre y dentro los varios estados. Eso no significa que toda las experimentaciones producen resultados deseables. Cuando Maryland pasó un impuesto a los servicios de computación, su creciente sector tecnológico amenazó con mudarse al contiguo estado de Virginia, que no tenía dicho impuesto.[7] Maryland revocó el impuesto.[8] Pero otros estados aprendieron de la experiencia de Maryland.

La *movilidad* es quizá el aspecto más importante del federalismo. Si el individuo concluye que está atado sin esperanza a lo que él considera ser una decisión perjudicial de las autoridades locales o estatales, al final, quizá elija vivir en otro lugar —donde las condiciones económicas, culturales o sociales son más a su gusto. De hecho, a través de la historia de Estados Unidos, individuos de todas las razas, edades e ingresos se han mudado de un estado a otro, sea porque se estaban escapando de condiciones adversas o simplemente porque estaban buscando algo mejor. Por ejemplo, hoy en día los grandes estados industriales, que cargan a sus ciudadanos y empresas con impuestos altos y regulaciones excesivas, se están despoblando. Los individuos están agarrando sus activos y mudándose a otras partes del país. Algunos se están mudando a estados como Florida o Nevada porque no tienen impuesto a las ganancias, o están trasladando sus empresas a Alabama porque es un estado con el derecho a trabajar sin sindicato. La gente se muda a diferentes estados por una infinidad de razones. El federalismo promueve un gobierno descentralizado, que le otorga el poder al individuo para que elija quedarse en un lugar e intente influenciar las decisiones estatales o locales o mudarse a otro estado o localidad. No se puede escapar del alcance del gobierno federal, sin embargo, a menos que uno dé por perdido al país entero y se vaya a otras costas.

El federalismo también calma el conflicto y fomenta la armonía. Un fuerte defensor de la pena de muerte puede vivir en Texas, que tiene la cámara de ejecuciones más activa, y no importarle demasiado que Nueva Jersey haya recientemente abolido el castigo. Los individuos con creencias muy divergentes pueden coexistir en el mismo país por la diversidad y la tolerancia que fomenta el federalismo.

Sin embargo, uno de los eventos más dramáticos socavando la autoridad constitucional estatal llegó con la ratificación de la Decimoséptima Enmienda el 8 de abril de 1913.[9] La Decimoséptima Enmienda cambió el método con el que se elegían los senadores, de ser elegidos por las legislaturas estatales —asegurando que los gobiernos estatales tuvieran una voz directa y significativa en la operación del gobierno federal— a la elección popular directa de los ciudadanos de cada estado. Una creciente oleada progresista y populista resultó en que suficientes estados ratificaran la enmienda y así se privaran mayormente del voto del proceso legislativo federal.

Hasta con la eliminación de su representación directa en el Senado, los estados independientemente poseían bastante autoridad bajo la Constitución. Como consecuencia, para al Estatista, el federalismo, como los mercados libres y la propiedad privada, resultó ser un gran obstáculo para acumular poder. Por ello, tendría que socavar la Constitución para lograr su fin —y así lo hizo.

La cláusula de comercio interestatal de la Constitución tenía como propósito fomentar el comercio entre los estados.[10] Sin embargo, en 1942, la Corte Suprema falló en *Wickard v. Filburn* que un granjero que cultivara trigo en su propia tierra y para su propio uso igualmente estaba sujeto a los límites federales de producción, aunque nada de su trigo dejara el estado.[11] La Corte "razonó" que al retener su trigo del comercio, el granjero estaba afectando el comercio interestatal, aunque no había comercio, y menos comercio interestatal. Esto significaba que la actividad económica privada conducida con el solo propósito de autoconsumo y ocurriendo totalmente dentro de las fronteras estatales ahora estaría sujeta a una autoridad reguladora federal bajo el Agricultural Adjustment Act (la ley de ajuste de agricultura).[12] *Wickard* arrasó con 150 años de jurisprudencia constitucional, descentralizando la autoridad gubernamental y la protección de los derechos de propiedad privada. Y con eso, el poder judicial se autoadjudicó un rol —la manipulación de la ley para promover una agenda Estatista— que continúa hasta el día de hoy. De hecho, a través de una sucesión de leyes y decretos, las tres ramas —la judicial, la legislativa y la ejecutiva— ahora rutinariamente ejercitan un poder más allá de su autoridad específica y enumerada bajo la Constitución.

De muchas maneras, los estados que una vez fueron poderosos, trece de los cuales en primer lugar ratificaron la Constitución, ahora se han vuelto apéndices administrativos del gobierno federal. No es suficiente que el gobierno federal ejercite autoridad reservada para los estados, sino que también soborna a los estados para que implementen sus políticas amenazándolos con negarles "su parte justa" del dinero recaudado de impuestos federales si se oponen. De hecho, la autoridad del gobierno federal es tan completa sobre los estados que los regula fuertemente y hasta los vigila para asegurar su conformidad con los mandatos federales. ¿Alguien cree que los estados hubieran originalmente ratificado la Constitución si hubieran conocido su destino?

El Estatista también ha construido una cuarta rama en el gobierno —un enorme estado administrativo— que existe para supervisar e implementar sus políticas. Es una burocracia masiva y amorfa que consiste en una mano de obra de casi dos millones de empleados civiles.[13] Administra un presupuesto de más de tres trillones de dólares al año.[14] Produce un número soporífero de reglas que regulan la energía, el medio ambiente, los negocios, el trabajo, el empleo, el transporte, las viviendas, la agricultura, la comida, las drogas, la educación, etc. Hasta la actividad humana más mínima aparentemente requiere de su intervención: las etiquetas en los vestidos de las mujeres,[15] los ingredientes cosméticos y el etiquetar.[16] Hasta llega al baño, determinando la cantidad de agua que fluye de la regadera y la cantidad de galones permisibles al tirar la cadena.[17] Establece estándares de inflamabilidad para camas.[18] Hay casi mil departamentos, agencias y divisiones federales que hacen leyes y las hacen cumplir.[19]

La compilación oficial de reglas dictadas por el gobierno federal, el Registro Federal, contenía 74.937 páginas de regulaciones en 2006. Para comparar, La guerra y la paz de Tolstoi, con solo 1.400 páginas, parece tan liviana y simple como una novela romántica. Las reglas en el Registro Federal son escritas en un estilo denso y confuso, a menudo desconcertando a los abogados, los contadores, los empresarios y otros que deben digerirlas. El costo estimado de solo cumplir con estas regulaciones era de $1,14 trillones.[20] El National Taxpayers Union (Sindicato Nacional de

Contribuyentes) estimó que en 2006, las empresas y los individuos estadounidenses gastaron 6,65 mil millones de horas luchando para cumplir con la complejidad del código impositivo, a un costo de $156,5 mil millones en productividad perdida tan solo para empresas.[21]

Todas las ramas del gobierno federal, electas y no electas, han consumido más y más de la autoridad gubernamental de los estados y las localidades, dejándoles menos lugar para ejercitar su criterio. Al hacer esto, el gobierno federal está imponiendo su voluntad directamente en las comunidades y los ciudadanos en contravención con la Constitución. Por consiguiente, ha habido un colapso fundamental en el sistema federal.

Habiendo pasado décadas luchando y perdiendo desafíos legales al cercenamiento federal, los estados han mayormente aceptado el papel que el Estatista les ha asignado. Muchos gobernadores se han vuelto políticamente oportunos con el tema, arguyendo de manera esquizofrénica por la intervención federal mientras defienden la preeminencia del estado. Aún peor, ahora existe una especie de *federalismo compinche* por medio del cual los estados hacen *lobby* con el gobierno federal para recibir una ventaja o alivio. Funciona así: los estados convencen al gobierno federal de que financien proyectos dentro de sus propias fronteras al cobrarles impuestos a los ciudadanos de otros estados. En nombre de estimular la economía, los estados, los condados, las ciudades y los pueblos han recopilado largas listas de este estilo de proyectos que quieren financiar con el contribuyente federal. También le están pidiendo al gobierno federal que les pague las fianzas para sacarlos del apuro de sus propios déficits. Para el Estatista, la entrega voluntaria de la autoridad estatal y local al gobierno federal se debe fomentar. Además, los estados con estándares regulatorios más onerosos a menudo instan al gobierno federal a que imponga estos estándares en otros estados para "igualar el campo de juego". (Los individuos, los sindicatos y las empresas también buscan la intervención federal para suplantar las decisiones estatales que no les gustan).

El ataque retórico más exitoso del Estatista contra el federalismo involucra la esclavitud y los derechos civiles. Él pregunta: "¿Cómo puede el Conservador defender el federalismo cuando los gobiernos estatales fueron los responsables de esclavizar y oprimir a los afroamericanos?".

Condenar únicamente al federalismo por la esclavitud es malinterpretar la historia. Mientras que no hay debate o excusa de que los estados del sur autorizaron la esclavitud, por momentos lo hicieron con la ayuda del gobierno federal. Es más, tampoco se puede cuestionar que otros estados, generalmente en el norte, instituyeron políticas y leyes no solo prohibiendo la esclavitud dentro de sus propias fronteras, sino también desafiando los esfuerzos de los estados sureños y los gobiernos federales para hacer cumplir con la esclavitud en el sur.

Por ejemplo, previo a la Guerra Civil, y a instancia de los estados sureños, en 1793 y 1850 las leyes *federales* del Esclavo Fugitivo fueron promulgadas para obligar a los estados recalcitrantes del norte a que devolvieran los esclavos a los dueños sureños. Muchos estados norteños se resistieron pasando leyes de libertad personal, que creaban obstáculos legales para la deportación de esclavos hacia el Sur. En el caso *Prigg v. Pennsylvania* de 1842,[22] la Corte Suprema *federal* decretó que estas leyes eran inconstitucionales, arguyendo que buscaban anticipar la ley federal, aunque agregó que los estados norteños no tenían obligación de asistir afirmativamente a los estados sureños que buscaban la devolución de esclavos fugados. En 1857, la Corte falló en *Dred Scott v. Sandford*[23] que ningún esclavo o descendiente de esclavos podía ser ciudadano de Estados Unidos, y que el Compromiso de Missouri del Congreso de 1820, que prohibió la esclavitud en gran parte del territorio nuevo, era inconstitucional, ya que le negaba a los dueños de esclavos sus derechos de propiedad personal. Como resultado, la Corte no solo le negó al esclavo la capacidad de escapar de la tiranía de un estado de uno por la libertad de otro estado —un ataque directo a un aspecto crítico del federalismo, *la movilidad*— sino que en realidad amplió la esclavitud por todo el país, lo cual ayudó a precipitar la Guerra Civil. Además, el gobierno federal abolió la esclavitud en el Distrito de Columbia recién en 1862, lo cual fue totalmente controlado por las autoridades federales. Por ende, al Estatista se le puede preguntar: "¿Cómo puedes defender el gobierno federal todopoderoso dado su papel en promover la esclavitud?".[24]

La esclavitud era un tema polémico no solo entre los estados, sino también dentro de los estados —incluyendo los pueblos y los condados en los estados sureños. Era polémico no solo entre el gobierno federal y los estados, sino también dentro del gobierno federal —entre el Congreso y el presidente, y entre las ramas electas y la Corte Suprema.

La opresión de los afroamericanos nunca fue compatible con la sociedad civil, aunque algunos delegados de los estados del norte reconocían este hecho y buscaban abolir la esclavitud en la Convención Constitucional. Los estados sureños se negaban a unirse ante tal constitución. Por lo tanto, es aún más sorprendente que llegaran a ciertos acuerdos con los delegados de los estados sureños en cuanto a la esclavitud. La constitución que adoptaron autorizaba al Congreso para que prohibiera la importación de esclavos a Estados Unidos en veinte años,[25] y así ocurrió. Redujo la influencia que tendrían los estados sureños en la Cámara de Representantes al contar a los esclavos como tres quintas parte de una persona con el propósito de distribuir asientos.[26] Desafortunadamente, los estados sureños sí lograron agregar lenguaje que obligaba a la devolución de esclavos que se escapaban a otros estados.[27] Sin embargo, la Constitución no imponía la práctica de la esclavitud, como sostienen algunos.

Pero debe enfatizarse que si la Constitución no hubiera sido adoptada, y si los estados sureños formaban su propia nación o simplemente existían por su cuenta, la institución de la esclavitud seguramente hubiera sobrevivido por más tiempo de lo que sobrevivió. No habría habido una secesión de los estados sureños porque, por empezar, no habría habido una unión de estados sureños y norteños. La ratificación de la Constitución por los estados sureños, al final, marcaría el comienzo del fin de la esclavitud —concretándolo con su derrota en la Guerra Civil y la adopción subsiguiente del Congreso y los estados de la Decimotercera (previamente aboliendo la esclavitud), Decimocuarta (prohibiendo abreviar los derechos de los ciudadanos) y Decimoquinta (prohibiendo que la raza de una persona le impida votar) Enmiendas a la Constitución.

Una nación fundada bajo la verdad evidente de que "todos los hombres son creados iguales; que son dotados por su Creador de ciertos derechos inalienables; que entre estos están la vida, la libertad y la búsqueda de la felicidad"[28] no podría haber tolerado la esclavitud para siempre. Y no lo hizo.

Para el Conservador, la enseñanza vuelve a la imperfección del hombre. Hasta los hombres buenos son capaces de hacer cosas malas. La desgracia de la esclavitud es una desgracia de la condición humana —como lo es toda tiranía. Las instituciones del hombre, como el hombre mismo, son imperfectas. Pueden usarse para el bien o para el mal, y han sido usadas para ambos. Por ende, esparcir la autoridad entre varios hombres imperfectos —al enumerar el poder federal, separar el poder dentro del gobierno federal y compartir el poder con los estados— aísla y limita la tiranía. Si la esclavitud hubiera sido afirmada en la Constitución e impuesta en todos los estados, quién sabe cuándo y cómo hubiera sido abolida.

El Conservador reconoce que hay ocasiones en que es difícil discernir la demarcación legítima y preferida entre las diferentes partes y niveles del gobierno. Pero, a diferencia del Estatista, él seriamente intenta buscarla. Por ejemplo, hoy en día él acepta, como quizá no lo hubieran hecho ciertos conservadores antes, que las leyes de los derechos civiles de la década de los sesenta, aunque excesivas en sus aplicaciones en algunos aspectos (como imponer códigos demasiados amplios sobre el discurso y comportamiento en las universidades, metas laicas sobre instituciones religiosas y un gran rango de restricciones de empleo y vivienda, las cuales al final aceptan un enfoque autoritario que amenaza las libertades civiles),[29] fueron el ejercicio correcto de la autoridad federal legal bajo la Decimocuarta Enmienda para tratar al racismo intransigente del estado contra los afroamericanos.[30] Sin embargo, para el Estatista, la ventaja de un monopolio del gobierno federal sin el desafío eficaz de una diversidad de estados o sus ciudadanos es obvio: es un camino a su preciada Utopía donde, al final, todos están esclavizados de una u otra manera.

En "Federalist 39", James Madison escribió, en parte: "Cada Estado, al ratificar la Constitución, es considerado un cuerpo soberano, independiente de todos los demás, y sólo sujeto a su propia acción voluntaria. En esta relación, entonces, la nueva Constitución, si es establecida, será una constitución FEDERAL y no NACIONAL".[31] Claro, hoy en día es más nacional que federal.

6

SOBRE EL MERCADO LIBRE

EL MERCADO LIBRE ES el sistema económico más transformador. Fomenta la creatividad y el ingenio. Produce nuevas industrias, productos y servicios mientras mejora los ya existentes. Con millones de individuos libremente involucrados en una infinidad y variedad de transacciones diarias, es imposible hasta concebir todos los cambios y los planes de cambios que están ocurriendo en nuestra economía en un momento dado. El mercado libre crea más riqueza y oportunidades para más personas que cualquier otro modelo económico.

Pero el Conservador cree que el individuo es más que un productor y consumidor de bienes materiales. Él existe dentro de un contexto más grande de la sociedad civil —que provee una libertad ordenada. El Conservador ve en el mercado libre la armonía de los intereses y reglas de la cooperación que también yacen debajo de la sociedad civil. Por ejemplo, el mercado libre promueve el valor propio, el autoabastecimiento, los valores compartidos y los negocios honestos, los cuales realzan al individuo, la familia y la comunidad. No discrimina ninguna raza, religión o género. El camionero no conoce el color de la piel de los individuos que producen el gasoil para su vehículo; el cocinero no conoce la religión del tambero que le provee leche a su restaurante; y el pasajero aéreo no conoce el género de los trabajadores de la fábrica del avión comercial que lo transporta —ni le importa.

El mercado libre es un sistema complejo de interacciones económicas, sociales y culturales voluntarias que están motivadas por los deseos y las necesidades del individuo y la comunidad. El Conservador cree que mientras que la simetría entre el mercado libre y la sociedad civil es imperfecta —es decir, no todos los desarrollos que resultan de las interacciones individuales contribuyen al bienestar total de la sociedad civil —uno simplemente no puede existir sin el otro.

La clave para comprender al mercado libre es la *propiedad privada*. La propiedad privada es la manifestación material del trabajo del individuo —el valor material creado del trabajo intelectual y/o físico del individuo, que puede ser el ingreso, la propiedad real o la propiedad intelectual. Así como la vida es finita, también lo es el alcance del trabajo de uno. Por lo tanto, los impuestos a la propiedad privada, o la regulación de dicha propiedad para reducir su valor, puede en efecto transformarse en un tipo de servidumbre, particularmente si el despojo resulta de una acción ilegítima y arbitraria del estado. Por ende, el Conservador cree que el gobierno federal debe recaudar ingresos solo para financiar esas actividades que autoriza la Constitución y ninguna otra. Si no, ¿cuáles son los límites del poder del Estatista para cobrar impuestos y regular el trabajo del individuo y, finalmente, esclavizarlo?

La formulación marxista de la lucha de clases, que enfrenta al proletariado ("la clase trabajadora") con la burguesía ("la clase rica comerciante"), todavía sirve como la principal justificación teórica y retórica para el ataque del Estatista contra el mercado libre. Pero es un anatema para el mercado libre porque el individuo tiene el poder para hacer de sí mismo lo que quiera. No hay una estructura estática de clases puesta en capas por encima del mercado libre. El mercado libre es un sistema mutable, dinámico y vibrante de interacciones individuales que incluyen todos los aspectos del carácter humano. Por esta razón, el Conservador cree que el mercado libre es un baluarte vital contra el estatismo. Y el Estatista parecería estar de acuerdo, ya que es incesante en cuanto a su ataque contra este. De hecho, el rechazo del Estatista de los límites de la Constitución sobre el poder federal se justifican primordialmente, aunque no exclusivamente, en términos materiales.

En nombre de la "justicia económica" y la "igualdad" el Estatista crea la percepción de la lucha de clases a través de una variedad de invenciones, incluyendo el impuesto a las ganancias "progresista". En *El manifiesto comunista*, Karl Marx escribió: "En los países más avanzados lo siguiente probablemente se pueda aplicar: un impuesto a las ganancias graduado o fuertemente progresista".[1]

Un estudio reciente de la Organización de Cooperación y Desarrollo Económico (Organisation of Economic Cooperation and Development) encontró que cuando medía los impuestos del hogar (impuestos a la ganancia y contribuciones al Seguro Social de empleados), Estados Unidos "tiene el sistema impositivo más progresista y recauda la mayor cantidad de impuestos del diez por ciento más rico del pueblo", colocando una carga impositiva más pesada en los hogares con ingresos más altos que otras naciones industrializadas.[2] Las últimas cifras de la Oficina de Presupuesto del Congreso muestran que el 1% de los que más ingresos reciben pagaron el 39% de impuestos a las ganancias federales mientras que ganaban el 18% del ingreso previo a los impuestos y los que están en el 5% de los que más ganan pagaron 61% de impuestos a las ganancias federales mientras ganaban el 31% de los ingresos previo a los impuestos. De hecho, los que se encuentran entre el 40% que más gana pagaron 99,4% de impuestos a las ganancias federales. Los que están entre el 40% de los que menos ganan no pagaron impuestos a las ganancias federales y recibieron 3,8% del sistema impositivo. Y los que están dentro del 20% del medio pagaron solo 4,4% de impuestos a las ganancias federales.[3]

Mientras el Conservador, como Adam Smith, no se opone a que los individuos más ricos paguen más para financiar las funciones *legítimas* del gobierno, el gobierno ha crecido bastante más allá de los límites que había establecido la Constitución, particularmente desde el New Deal. Redistribuir la riqueza es un objetivo central del impuesto a las ganancias progresista, el cual Marx apoyaría y Smith rechazaría. Para el Estatista, debe haber una lucha de clases y debe ser una lucha sin fin, ya que quizá sea su arma más valiosa en su guerra contra el individuo, el mercado libre y, en última instancia, la sociedad civil. El Estatista, por lo tanto, no solo se opone a los esfuerzos para eliminar el impuesto a las ganancias progresista, incluyendo tales alternativas como el FAIR Tax (un impuesto nacional al valor agregado) o el *flat tax* (un impuesto de tarifa plana a las ganancias), él se opone a casi toda reducción del impuesto a las ganancias que pueda debilitar su "estructura de clases".

En la medida en que la igualdad económica sea inalcanzable, hasta en los estados socialistas más represivos, le sirve al propósito

del Estatista para idear un sistema de clases en donde los individuos se agrupan en categorías económicas oficialmente autorizadas y arbitrarias. De esta manera, el Estatista causa la envidia
clasista. Se dice entonces que el mercado libre es, por ende, incapaz de servir al interés público, ya que produce resultados injustos,
y entonces requiere más intervención gubernamental. El Estatista
también intenta manipular la intensidad de la "lucha de clases" al
rutinariamente redefinir los términos y las categorías de riqueza
—quién es considerado el "rico" odiado, los de la "clase media"
honrada y el "pobre" privado de sus derechos.

Pero la llamada "clase media" es el blanco de las explotaciones
del Estatista. Él cree que si puede ganar el favor del "trabajador",
puede asegurarse el éxito. Como bien explicó el organizador de la
comunidad marxista Saul Alinsky en *Rules for Radicals*: "La organización para actuar ahora y en las décadas que siguen se centrará
en la clase media blanca de Estados Unidos. Ahí yace el poder.
Cuando más de tres cuartos de nuestra gente tanto desde el punto
de vista económico y de su propia autoidentificación son de clase
media, es obvio que su acción o inacción determinará la dirección
del cambio. Grandes partes de la clase media, la 'mayoría silenciosa' deben ser activadas; la acción y articulación son una, como
los son el silencio y el rendirse".[4]

Alinsky continuó: "...Nuestros rebeldes han rechazado con
desdén los valores y la manera de vivir de la clase media. La han
estigmatizado como materialista, decadente, burguesa, degenerada, imperialista, belicista, embrutecida y corrupta. Tienen razón;
pero debemos comenzar por donde estamos si deseamos crear el
poder para cambiar, y el poder y la gente están en la gran mayoría
de la clase media".[5] Y así es que para Alinsky, la "clase media" es

tanto celebrada como despreciada. Los puntos de vista de Alinsky fueron una influencia importante para el presidente Barack Obama.[6]

Una minoría de conservadores está de acuerdo con Alinsky y Marx solo a tal punto que ven el futuro como consintiendo a la "clase media" o la "clase trabajadora" o los "compradores de Sam's Club" o "los suburbios" con llamamientos a más intervenciones gubernamentales concentradas en este (o estos) grupo de ciudadanos vagamente definido. ¿Pero quién puebla a esta "clase media"? ¿Es la asistente jurídica de veinticinco años quien se graduó de la universidad, trabaja en un gran bufete de abogados, gana $85.000 al año, es soltera y no tiene hijos, vive en un apartamento en Manhattan y casi nunca va a la iglesia, la misma "clase media" que un mecánico de cincuenta y siete años que no se graduó de la secundaria, trabaja en Pep Boys, gana $55.000 al año, vive en una casa en el noreste de Filadelfia, está casado con cuatro hijos y va a la iglesia todos los domingos? Para el conservador, esta manera de pensar tiene el potencial para desarrollarse en una miopía peligrosa sino fatal que sustituye el duro trabajo de promover principios conservadores y preservar la sociedad civil con una estrategia política que tiene un uso efímero, pero que sugiere la aceptación universal de una estructura de clases estática que es ajena al mercado libre y a la sociedad civil. Esta manera de pensar también le pone límites artificiales al atractivo del conservadurismo al enfocarse demasiado en la cosa equivocada.

Para el Conservador, el reto es desarmar el argumento de clases del Estatista e inspirar al individuo a apreciar el milagro del mercado libre y comprometerse con este con entusiasmo. Él debería enfatizar que el mercado libre es el único sistema que produce de manera sustentable, y para la gran mayoría de los estadounidenses, una abundancia de comida, vivienda, energía y medicina —lo básico para la supervivencia humana; crea una sorprendente selección de bienes de consumo que le agregan comodidad, valor y seguridad a la calidad de vida; y el mercado libre reconoce que está en el ADN del hombre tomar riesgos, innovar, tener logros, competir y adquirir —no solo para sobrevivir sino para mejorar su circunstancia.

Es más, el Conservador debería apelar a la naturaleza del hombre. Debería enfatizar que el individuo es quien mejor sabe cómo hacer y gastar aquello que se ha ganado con su propio trabajo así como mantener a su familia, que las grandes burocracias pobladas de extraños que ven clases de personas en vez de seres humanos individuales. Como bien observó el fundador James Wilson: "Con la propiedad exclusiva, las producciones de la tierra y los medios de subsistencia están asegurados y preservados, así como multiplicados. Lo que no le pertenece a nadie es desaprovechado por todos. Lo que le pertenece a un hombre en particular es el objeto de su economía y cuidado".[7]

El Estatista busca imponerle a los individuos una estructura económica y gubernamental que es contraria a la naturaleza humana. Intenta controlar al individuo al socavar su espíritu y castigar sus impulsos naturales. Por ejemplo, el padre le enseña al hijo que robar es malo. La fe también enseña que es inmoral: "No robarás". Las leyes, por su parte, hacen de robar un crimen. Uno solo puede imaginar el colapso total de la sociedad civil que resultaría si robar fuese una práctica aceptable. Sin embargo, para el Estatista el robo del gobierno es una virtud ya que se dice que es obligado para el "bien público" o el "interés público".

Entonces, ¿quién decide lo que es bueno para el público o lo que es de interés público? La Constitución brinda los parámetros dentro de los cuales el gobierno federal tiene la autoridad para actuar. ¿Cómo es posible que violar esos parámetros, que tienen la intención de asegurar la libertad individual (incluyendo los derechos de propiedad privada) en contra de la tiranía de un gobierno demasiado poderoso, sea de interés público?

Es más, ¿desde dónde adquiere el Estatista su clarividencia para determinar qué es bueno para el público? De su ideología. El Estatista está constantemente manipulando la opinión pública en un esfuerzo constante por desestabilizar el mercado libre, mientras empuja a la nación por el camino de la tiranía. Ha construido un laberinto enorme de agencias y programas gubernamentales, que crece inexorablemente año tras año, y que interviene en, e interfiere con, el mercado libre. Y cuando los planeadores centrales del Estatista crean distorsiones económicas que son seriamente perjudiciales para el público, culpa al mercado libre e insiste en apoderarse de más autoridad para corregir los fracasos creados por su propia dirección.

Consideremos los cuatro eventos básicos que llevaron a la crisis del sector inmobiliario en 2008, la cual se extendió a los mercados financieros y más:

EVENTO 1: En 1977, el Congreso pasó el Community Reinvestment Act (CRA, por sus siglas en inglés) para tratar la presunta discriminación de bancos al darle préstamos a gente pobre y a las minorías en zonas marginales (*redlining*). La ley estableció que los bancos tienen una "obligación afirmativa" de cumplir con las necesidades crediticias de las comunidades en las que trabajaban.[8] En 1989, el Congreso enmendó el Home Mortgage Disclosure Act requiriendo que los bancos recolecten información racial en las aplicaciones de préstamos hipotecarios.[9] El profesor de Economía de la Universidad deTexas, Stan Liebowitz, ha escrito que "las aplicaciones para préstamos hipotecarios para minorías fueron negadas más frecuentemente que otras aplicaciones, pero la mayor razón no era la discriminación racial, sino simplemente que las minorías tienden a tener finanzas más débiles".[10] Liebowitz también condena un estudio conducido en 1992 por el Boston Federal Reserve Bank que alega discriminación sistémica. "Ese estudio estaba tremendamente viciado. Un colega y yo… demostramos que la información que se había utilizado contenía miles de erratas indignantes, como préstamos con tasas de intereses negativos. Nuestro estudio no encontró prueba alguna de discriminación".[11] Sin embargo, el estudio fue el estándar en el que se basó la política gubernamental.

En 1995, el Departamento del Tesoro de la administración de Clinton declaró regulaciones que seguían préstamos por vecindad, grupos según su ingreso y razas para calificar el rendimiento del banco. Las calificaciones fueron usadas por reguladores para determinar si el gobierno aprobaría la fusión de bancos, adquisiciones y nuevas sucursales.[12] Las regulaciones también fomentaban a grupos alineados con los estatistas, como la Asociación de Organizaciones Comunitarias para Reformas Hoy (Association of Community Organizations for Reform Now, ACORN) y la Corporación de Asistencia Vecinal de América (Neighborhood Assistance Corporation of America), a llenar peticiones con reguladores, o amenazar con hacerlo, para disminuir o a hasta prevenir que los bancos lleven a cabo su negocio al desafiarlos al punto en que los bancos estaban otorgando estos préstamos. Con una influencia tan poderosa sobre los bancos, algunos grupos pudieron, de hecho, legalmente extorsionar a los bancos para que dispongan de grandes sumas de dinero para los grupos, dinero que ellos, entretanto, usaban para dar préstamos. Los bancos y los grupos comunitarios otorgaban préstamos a individuos de bajos recursos que a menudo tenían un historial de crédito malo o no tenían ingresos suficientes. Y estos préstamos, que se conocieron luego como préstamos de "alto riesgo", disponían de un 100% de financiamiento, no siempre requerían la revisión de la capacidad crediticia y hasta se hacían sin documentar sus ingresos.[13] Por ende, el gobierno insistió en que los bancos, en particular aquellos que querían crecer, abandonaran los estándares tradicionales de suscripciones. Una estimación pone la cifra de préstamos que reúnen los requisitos bajo la Ley de Reinversión Comunitaria (Community Reinvestment Act) en más de $4,5 billones.[14]

EVENTO 2: En 1992, el Departamento de Vivienda y Desarrollo Urbano (Department of Housing and Urban Development) presionó a dos corporaciones aprobadas por el gobierno —conocidas como Freddie Mac y Fannie Mae— a que compraran (o "titularizaran") grandes grupos de estos préstamos para los propósitos encontrados de diversificar el riesgo y hacer que aún más dinero estuviera disponible para los bancos para que hicieran más préstamos arriesgados. El Congreso también pasó el Federal Housing Enterprises Financial Safety and Soundness Act, pidiendo que estas compañías compraran el 45% de todos los préstamos de la gente con ingresos bajos o moderados.[15] Como consecuencia, se creó un mercado segundario para estos préstamos. Y en 1995, el Departamento del Tesoro estableció el Community Development Financial Institutions Fund, que le otorgó a los bancos dinero impositivo para fomentar aún más préstamos riesgosos.

Sin embargo, para el Estatista, esto no era suficiente. Algunos de los demócratas más importantes del Congreso, incluyendo al representante Barney Frank (Massachusetts), al senador Christopher Dodd (Connecticut) y al senador Charles Schumer (Nueva

York), entre otros, repetidamente ignoraron las advertencias del inminente desastre, insistiendo con que eran exageradas, y opusieron esfuerzos para obligar a que Freddie Mac y Fannie Mae cumplieran con las prácticas normales de negocios y supervisión.[16] Y los ejecutivos más importantes de estas corporaciones, la mayoría de los cuales había trabajado en administraciones demócratas, resistieron la reforma mientras activamente falsificaban la contabilidad de sus empresas para premiarse con decenas de millones de dólares en bonos.[17]

EVENTO 3: Una consecuencia de esta intervención gubernamental e ingeniería social fue un instrumento financiero llamado el "derivado", que transformó el mercado de los préstamos hipotecarios de alto riesgo en una bomba de tiempo que aumentaría la crisis hipotecaria por ordenes de magnitud. Un derivado es un contrato donde un grupo vende el riesgo asociado con el préstamo hipotecario a otro grupo a cambio de pagos a esa compañía basados en el valor del préstamo hipotecario. En algunos casos, los inversores que ni siquiera habían hecho los préstamos apostaban para ver si los préstamos serían incumplidos o no. Aunque impreciso, quizá los derivados dentro de este contexto se pueden comprender mejor como un tipo de seguro. Los derivados le permitían a los bancos comerciales y de inversiones, compañías individuales e inversores privados extender aún más —y ultimadamente multiplicar— el riesgo asociado con sus préstamos hipotecarios. Ciertas instituciones financieras y de seguros invirtieron fuertemente en derivados, como el American International Group (AIG, por sus siglas en inglés).[18]

EVENTO 4: El papel de la Junta de Gobernadores de la Reserva Federal en el boom y la crisis hipotecaria no puede exagerarse. Robert P. Murphy, del Instituto de Investigación del Pacífico

(Pacific Research Institute), explica que "[la Reserva Federal] cortó las tasas de intereses repetidamente comenzando en enero de 2001, de 6,5% hasta que llegaron a lo más bajo en junio de 2003 con un 1%. (En términos nominales, este había sido el nivel más bajo al que había caído la tasa objetivo en toda la serie de información mantenida por el St. Louis Federal Reserve, comenzando en 1982)... Cuando la política de dinero fácil se volvió demasiado inflacionista, el Fed (bajo [Alan] Greenspan y en aquel entonces el nuevo presidente Ben Bernanke al final) comenzó un proceso constante de volver a subir las tasas de interés, del 1% en junio de 2004 al 5,25% en junio de 2006...".[19] Por lo tanto, cuando la Reserva Federal abandonó su papel como auxiliar del sistema monetario y usó tasas de interés para artificial e incorrectamente manipular el negocio inmobiliario, interfirió con las condiciones normales del mercado y contribuyó a desestabilizar la economía.

En 2008 y 2009, el gobierno federal gastó dinero recaudado de impuestos a un paso desenfrenado para intentar salvar los mercados financieros de su propia mala administración. El gasto del Troubled Asset Relief Program (TARP, por sus siglas en inglés) podía alcanzar $1 billón o 7% del producto bruto interno de la nación. El TARP fue originalmente promulgado para que el gobierno pudiera comprar préstamos riesgosos y en mora de las instituciones financieras. Pero la misión cambió en cuestión de semanas —el gobierno comenzó a usar los fondos para comprar patrimonios en instituciones financieras, supuestamente para inyectarles dinero directamente a estas entidades. Un panel supervisor concluyó que se desconoce el paradero de $350 mil millones de los fondos del TARP.[20]

La Reserva Federal también le brindó una ayuda de $30 mil millones a Bear Stearns, $150 mil millones a AIG, $200 mil millones a Fannie Mae y Freddie Mac, $20 mil millones a Citigroup, $245 mil millones al mercado de papel comercial y $540 mil millones al mercado de valores.[21] Está preparado para prestar más de *$7 billones* a instituciones financieras o más de la mitad de toda la economía estadounidense en 2007.[22]

Según el presidente de Bianco Research, James Bianco, el rescate financiero federal excede en cantidad a nueve de los eventos más costosos de la historia de Estados Unidos combinados:

Evento	Costo	Costo ajustado a la inflación
Plan Marshall	$12,7 mil millones	$115,3 mil millones
Compra de Louisiana	$15 millones	$217 mil millones
Carrera a la Luna	$36,4 mil millones	$237 mil millones
Crisis de S&L	$153 mil millones	$236 mil millones
Guerra de Corea	$54 mil millones	$454 mil millones
New Deal	$32 mil millones (estimado)	$500 mil millones (estimado)
Invasión de Irak	$551 mil millones	$597 mil millones
Guerra de Vietnam	$111 mil millones	$698 mil millones
NASA	$416 mil millones	$851,2 mil millones
TOTAL		$3,92 billones.[23]

El costo total de la Segunda Guerra Mundial para Estados Unidos fue de $288 mil millones, o $3,6 billones cuando se ajusta la inflación.[24]

El Congreso también pasó, y el presidente George W. Bush

firmó, proyectos de ley para gastos fiscales para intentar aliviar las enfermedades económicas, como el Economic Stimulus Act de 2008 por $152 mil millones[25] y el Housing Recovery Act de 2008 por $300 mil millones.[26] El Congreso y el presidente Barack Obama están agregando a esta suma alrededor de otro billón de dólares con el American Recovery and Reinvestment Plan de 2009.[27]

El *Wall Street Journal* informó que cuando se combinan los gastos del estímulo y el rescate financiero, "la acción de gastos federales del producto bruto interno llegará al 27,5%". Dicho de otra manera, más de $1 de cada $4 producidos por la economía será consumido o controlado por el gobierno federal. El *Journal* también notó que "todo esto está rápidamente empujando a Estados Unidos hacia los niveles de gastos europeos, y eso es antes de los nuevos derechos sociales del cuidado de salud de Obama".[28]

La crisis creada en los mercados financieros estuvo en manos del Estatista. Pero no aprende nada de la destrucción que desata ya que no está motivado por la virtud y no actúa con cautela. En cambio, su estructura es ideológica. Como el jefe de gabinete de Obama, Rahm Emanuel, abiertamente admitió: "Regla número uno: Nunca dejes que una crisis sea desperdiciada. Son oportunidades para hacer grandes cosas".[29] Al quitar la toma de decisiones del mercado libre, el Estatista puede ejercer un control enorme sobre el individuo y la sociedad en general.

La industria petrolera es un blanco preferido del Estatista, ya que el combustible maneja el motor de la gran economía estadounidense. El Estatista sabe que el consumidor es particularmente sensible al aumento del precio de la gasolina por sus frecuentes visitas a la estación de servicio. El Estatista le dice que estos aumentos se deben a la "codicia", las "ganancias excesivas" y la "especulación de precios" de las compañías petroleras. Claro, el petróleo es una materia prima con demanda mundial, con su uso en China e India, las naciones del mundo más pobladas, creciendo rápidamente. Aproximadamente 70% del precio de un galón de gasolina es el costo del petróleo crudo.[30] Por ende, la oferta y demanda en el mercado mundial directamente influencia la disponibilidad y los precios en Estados Unidos.

Pero aparte del mercado mundial, el Estatista nunca reconocerá ni debe reconocer que *él* está saboteando el suministro económico y fiable de provisiones de energía al considerable y resueltamente aumentar los costos para las compañías petroleras además del suministro mundial y las influencias de precios. La mano dura del Estatista se ha agarrado de la industria petrolera durante más de cien años. La industria petrolera casi no puede operar libremente ni eficientemente ni puede responder como le gustaría a las demandas del consumidor. Se ha convertido, en esencia, casi en una empresa manejada por el estado, porque no puede perforar, transportar, refinar y guardar combustible sin recibir el permiso del gobierno, cumplir con las regulaciones gubernamentales y pagar impuestos para cada nivel de producción.

Cuando el Estatista impide que las compañías petroleras perforen nuevos pozos en lugares como Alaska, los Grandes Lagos y la mayoría de las áreas costeras, está bajando la oferta del petróleo crudo y la gasolina doméstica. ¿Cómo puede una nación cortarse de la mayoría de sus recursos de energía y esperar prosperar o, a la larga, hasta sobrevivir?

Además, la capacidad de refinamiento de Estados Unidos no ha cambiado demasiado en los últimos treinta años. Como bien informó *Investor's Business Daily* en marzo de 2008, no se ha construido refinería alguna desde 1983. "En 1982, la economía estadounidense se encontraba abastecida por 301 refinerías. Para 2007, la cifra había caído a 149. La productividad ha mantenido un constante rendimiento a través de los años, con 17 millones de barriles por día. Pero la economía estadounidense ha crecido un 125%".[31]

El Estatista ha creado una multitud de regulaciones que dictan una larga lista de "mezclas" de gasolina así como variedades regionales y de temporada que crean complejidades costosas e ineficiencias en la producción doméstica de productos de combustible usable. Expandir las refinerías existentes o construir plantas nuevas debe cumplir con regulaciones más nuevas y onerosas que aquellas aplicadas a refinerías más viejas.[32] Estos son todos recargos impuestos por el gobierno que son magnificados a través de la economía y, al final, los lleva encima el consumidor.

El Estatista desvía el desdeño público por las consecuencias de sus propios planes centralizados echándole la culpa a la misma industria que está saboteando por dislocación de oferta y subas de precios. Conduce campañas de relaciones públicas agresivas que consisten en espectáculos de juicios en el Congreso donde ejecutivos petroleros se ven forzados a aparecer ante las comisiones y las cámaras de televisión para defender sus actividades empresariales en testimonios dados bajo la penalidad de perjurio —como si hubieran cometido un crimen. Para enfatizar esta percepción, el Estatista regularmente llama a investigaciones federales de la industria petrolera, alegando "colusión", "prácticas monopolísticas" u otras conspiraciones ilegales. De todos modos, las investigaciones absuelven más de lo que acusan a estas empresas.

¿Y qué hay de las ganancias de la industria petrolera? Muchos de los artículos sobre los ingresos de las compañías petroleras, con titulares gritando "compañías petroleras tienen ganancias récord" son inmaduros y engañosos. En vez de servir como guardianes del gobierno, demasiados de los medios le dan voz a los estatistas más demagogos. En 2007, las compañías petroleras ganaron entre ocho y nueve centavos por cada dólar de ventas de gasolina.[33]

Nuevamente, *Investor's Business Daily* recientemente resumió las ganancias de la industria petrolera de la siguiente manera:

> De 1977 a 2004, de acuerdo a información del Tax Foundation, las compañías petroleras estadounidenses ganaron $630 mil millones después de impuestos mientras que pagaron $518 mil millones en impuestos a la renta federal y estatal a un promedio de 45%. Durante ese mismo período, $1,34 billones adicionales en impuestos exclusivamente para combustible fueron recolectados de los consumidores por las compañías petroleras y entregados a varios gobiernos.[34]

El gobierno, no la industria petrolera, es el "usurero" más grande del petróleo. Y usa los ingresos recaudados de impuestos para expandir su propia autoridad a expensas del individuo, como lo hace con un sinfín de otras industrias —el poder eléctrico, el carbón, la leña, los laboratorios, los automóviles, los aviones y la agricultura. La intrusión del Estatista en el mercado libre no tiene límites.

Sin embargo, debe enfatizarse que el Conservador *no* es un corporativista —es decir, no es un abogado especial para las compañías petroleras ni cualquier otra corporación. Él defiende los

mercados libres porque él defiende la sociedad civil y las limitaciones de la Constitución sobre la autoridad federal en contra de
la tiranía que busca consumirlos. Por lo tanto, el Conservador
también se opone al *capitalismo compinche*, donde el Estatista usa
el poder del gobierno —a menudo a instancias de una industria o
corporación específica— para subsidiar una empresa favorecida a
expensas de otra. El propósito del Estatista, como siempre, es extender su propio alcance.

Por ejemplo, el etanol ha existido desde el siglo XIX. Si fuera
una alternativa o aditivo viable para la gasolina, que supuestamente reduciría el uso de petróleo, los precios de la gasolina y las
emisiones de los automóviles, el mercado libre hubiera respondido
positivamente. Pero el consumidor y el productor no estaban tan
interesados. Claro, eso no disuadió al Estatista. Durante años, grandes corporaciones agrícolas y grupos ambientalistas han hecho
lobby en el gobierno federal para promover la producción y el uso
del etanol. Habiendo ya dañado severamente la oferta de petróleo doméstico, el Estatista respondió a los esfuerzos del *lobby* usando
dinero recaudado de impuestos para fuertemente subsidiar la producción de etanol, imponiendo aranceles en la importación de
etanol, obligando a la industria automotriz a construir más vehículos que utilicen etanol y estableciendo mandatos en la producción
doméstica de etanol y en los niveles de uso —15% de los automóviles estadounidenses funcionarán a base de etanol para 2017.[35]

Mientras el etanol y otros biocombustibles requieren maíz,
caña de azúcar y cultivos adicionales para producir mezclas de gasolina, estos cultivos esenciales pasan de la producción alimenticia a la producción de energía. Y mientras crece la demanda de
maíz y caña de azúcar, más agricultores alrededor del mundo res-

ponden convirtiendo sus campos de arroz, trigo y soja a cultivos más rentables usados en los biocombustibles. La política gubernamental jugó un papel importante en el aumento de la demanda y de los precios no solo del combustible sino de la comida, contribuyendo fuertemente a una escasez severa de comida y hasta a hambruna en el Tercer Mundo.

Mientras sube la demanda de maíz en Estados Unidos, y como el maíz de alguna u otra forma sirve como alimento para la mayoría del ganado, el precio de la carne, de las aves y de los productos lácteos también subió. Ocurre un efecto dominó en todo el paisaje económico y global.

¿Y qué hay de los supuestos beneficios del etanol para el medio ambiente? La Associated Press informó:

El etanol es mucho menos eficiente [que la gasolina], en especial cuando está hecho de maíz. Cultivar maíz de por sí requiere un gasto de energía —arar, plantar, fertilizar y cultivar requieren de maquinarias que queman combustible fósil. La agricultura moderna depende de grandes cantidades de fertilizantes y pesticidas, ambos producidos con métodos que consumen combustible fósil. Luego está el costo del transporte del maíz a una planta de etanol, donde el proceso de fermentación y destilación consume aún más energía. Finalmente, está el costo de transportar el combustible a las estaciones de servicio. Y como el etanol es más corrosivo que la gasolina, no puede ser bombeado por oleoductos relativamente eficientes, sino que debe ser transportado por tren o camión. Al final, hasta los analistas más generosos estiman que conlleva la energía de tres galones de gasolina producir cuatro galones de esta cosa... [36]

Por lo tanto, el Estatista creó inestabilidad e imprevisibilidad a través de varias industrias, con consecuencias perjudiciales, intencionadas y no, por el mundo entero. Sin embargo, no dará el brazo a torcer.

Hay momentos en que el Estatista interfiere en el mercado libre para tratar de evitar lo que el difunto economista Joseph Schumpeter, entre otros, describió como la *destrucción creativa*. Como bien explicó:

> *El capitalismo... por naturaleza es una manera o método de cambio económico y no solo nunca es sino que nunca podrá ser inmóvil ...El impulso fundamental que enciende y mantiene al motor capitalista en movimiento viene de los nuevos consumidores, de bienes, de los nuevos métodos de producción o transporte, de los nuevos mercados, de los nuevos tipos de organización industrial que crean las empresas... La historia del aparato productivo de una granja típica, desde los comienzos de la racionalización de la rotación de cultivos, arando y engordando hasta ser la cosa mecánica de hoy en día —unido a ascensores y ferrocarriles— es una historia de revoluciones. También lo es la historia del aparato productivo de la industria de hierro y acero desde la caldera de carbón a nuestro propio tipo de caldera, de la historia del aparato de producción de energía, desde el gran molino de agua a la central eléctrica moderna, o la historia del transporte desde el carro postal al avión. La apertura de nuevos mercados, extranjeros o domésticos, y el desarrollo organizacional desde la tienda artesanal y la fábrica a tales preocupaciones como U.S. Steel, ilustran el mismo proceso de mutación industrial... que incesantemente revolucio-*

*nan la estructura económica desde adentro, incesantemente
destruyendo la vieja, incesantemente creando una nueva. Este
proceso de Destrucción Creativa es el hecho esencial acerca del
capitalismo. Es en lo que consiste el capitalismo y es con lo que
toda preocupación capitalista debe vivir...*[37]

Hoy en día, la industria automotriz, una vez la envidia del
mundo, enfrenta la posibilidad de la destrucción creativa. Henry
Ford perfeccionó el uso de la cinta de ensamblaje en la producción en serie del Model T. Cambió la cara de Estados Unidos y el
mundo. Pero, con el tiempo, se tornó en otro blanco preferido del
Estatista. La Ley Wagner de 1935 le dio un monopolio de poder a
los sindicatos para que negociaran para ciertos empleados, pidie-
ran huelgas, y así permitir que cobraran tarifas monopólicas por su
trabajo. Comenzando en su apogeo en la década de los cincuenta
y sesenta, el United Auto Workers (UAW, por sus siglas en inglés)
usó su poder de negociación para extraer progresivamente onerosas e insostenibles concesiones salariales y de beneficios de los fabricantes de automóviles estadounidenses bajo la amenaza de
huelgas debilitantes. Por consiguiente, los fabricantes de automóviles estadounidenses cargan con costos que hacen que sea extremadamente difícil competir con fabricantes no sindicalizados
extranjeros en Estados Unidos y en el exterior.

La Fundación Heritage reveló que los trabajadores del UAW
en las fábricas estadounidenses cuestan más de $70 la hora en
comparación al costo por hora de un operario del sector automovilístico no sindicado japonés en Estados Unidos de $42 a $48 por
hora. Con la combinación de salario y beneficios, el trabajador
UAW cuesta casi $130.000 por año, mientras que el no sindicado

cuesta alrededor de $80.000 por año. Bajo los contratos del UAW, los trabajadores no son despedidos. Les pagan casi su salario completo para no trabajar durante una serie de años. Y los trabajadores se pueden jubilar después de trabajar treinta años, sin importar su edad, y reciben pensión y beneficios de salud durante el resto de sus vidas.[38]

Además de salarios y beneficios, las ineficientes reglas de trabajo del UAW dificultan la adaptación de los fabricantes de automóviles estadounidenses a condiciones económicas y demandas del consumidor.[39] El contrato de Ford con el UAW tiene 2.215 páginas.[40] Claro, la administración firmó una serie de contratos a través de los años en acuerdo con estos arreglos. Sin embargo, el poder del UAW bajo la Ley Wagner al final hizo que la resistencia de la administración fuera en vano.

En 2007, el Congreso pasó los nuevos estándares de Corporate Average Fuel Economy (CAFE), costándole a la industria automotriz estadounidense $110 mil millones adicionales para investigación, manufactura, producción y costos de conformidad relacionados.[41] Una fuente importante de la industria automotriz estima que para cuando los nuevos estándares estén totalmente en efecto, el consumidor pagará entre $5.000 y $6.000 adicionales por vehículo. Y el modelo común de 2007 ya conlleva $2.000 adicionales en costos "por adelantado" para equipos de seguridad recientemente implementados.[42] Agreguémosle a esto la oscilación salvaje del costo del combustible producto, en gran parte, de la interferencia del gobierno en el mercado de energía —lo cual dificulta predecir la demanda del consumidor a lo largo de los años— para 2008, General Motors y Chrysler estaban al borde de la quiebra.

No puede decirse que la condición crítica de la industria automotriz estadounidense sea un resultado del mercado libre descontrolado. El Estatista ha jugado un papel central en su ruina y ha hecho un desastre de la una vez vibrante industria. Sin embargo, ¿esto justifica que el contribuyente le brinde el rescate financiero a la industria y al UAW con decenas de miles de millones de dólares en subsidios? La respuesta es no.

El modelo actual para fabricar automóviles estadounidenses y organizar empleados es insostenible. También lo es la interferencia implacable del gobierno en el manejo de la industria automotriz, las relaciones laborales, el diseño de los vehículos, etc. Los Tres Grandes deben buscar alivio en la bancarrota, lo cual les permitirá reorganizar sus empresas, incluyendo eliminar algunas de sus restricciones operacionales y laborales más onerosas, y volverse más receptivos a las condiciones modernas. Sin embargo, el Estatista sigue siendo un problema implacable. No está sujeto a la destrucción creativa. En vez, yace sobre el mercado como una nube oscura. Hasta cuando le ofrece miles de millones de dólares para el rescate financiero a la industria, el Estatista insiste en seguir avanzando con la agenda destructiva de sus electores laborales y ambientalistas, de los cuales requiere apoyo para continuar en el poder. Como bien informó el *Wall Street Journal*, "¿Cuándo no son suficientes $25 mil millones del dinero del contribuyente para rescatar financieramente a los fabricantes de automóviles en Detroit? La respuesta: Cuando el dinero es una herramienta de política industrial del Congreso para convertir a GM, Ford y Chrysler en agentes del Sierra Club y otros *lobbies* verdes".[43] Otra crisis, otra oportunidad.

Y los sindicatos también serán premiados —habiendo vertido

decenas de millones de dólares en las últimas campañas demócratas y visto menguar las cifras de alrededor de un tercio de la mano
de obra en la década de los cincuenta a 12% hoy en día.[44] Insatisfecho con su parte en la quiebra de la industria automotriz estadounidense (ni hablar de las industrias aérea y de acero), el
Estatista propone hacer más fácil la sindicalización de otras empresas donde los empleados han decidido no unirse a sus filas. Un
proyecto de ley con el título risible de "The Employee Free Choice
Act" (La ley de libre elección del empleado) reemplazaría las
elecciones de voto secreto —que se hacen durante un día estipu-
lado y están supervisadas por el National Labor Relations Board—
con un proceso en donde los empleados estarían presionados por
los sindicalistas a firmar tarjetas sin fecha durante un período de
quizá meses. Se acabaría el voto secreto. Hasta el candidato demócrata a la presidencia de 1972, George McGovern, ha denunciado este esfuerzo: "Fallar en asegurar el derecho de votar libre de
la intimidación y coacción de todas las partes sería una traición a
lo que siempre hemos defendido...".[45] El presidente Obama apoya
fuertemente este proyecto de ley.

Para el Estatista, la destrucción creativa demasiado a menudo
significa la disminución de su propia autoridad y de las oportunidades para expandirla. También están aquellos, sin embargo, que
no tienen una agenda similar pero, no obstante, se avergüenzan
con la noción, porque están atentos solo al momento. Como bien
observó Will Wilkinson del Instituto Cato:

El impulso por congelar el sistema, por tratar de pegar todas las
grietas y engrapar todos los escotes, para asegurar que nadie
tenga que explicarle a su hijo por qué este año la Navidad será

mala, ese es uno de nuestros peligros más grandes. Nuestra compasión, ingenua del alcance de un esquema mayor, puede perversamente hacerse aún más necesaria. Cuando sentimos la necesidad de actuar con la simpatía sin guía, la Navidad del año que viene probablemente será un poco peor para todos. Y luego alguien debe explicarle a los niños que ni siquiera pueden encontrar un trabajo. Negocios que comenzarían no lo hacen, la riqueza que se crearía no ocurre. Y en solo unas décadas, el estándar de vida imperante es muchísimo más bajo de lo que podría haber sido si nuestra compasión hubiera visto todo más a largo plazo. No hay justicia, y gran daño, en disminuir toda la variedad de oportunidad futura para salvar a algunas personas ahora de un destino lamentable.[46]

Comprendamos un futuro sin destrucción creativa. Es inhóspito, retrasado, indigente y sin esperanzas, como la mayoría de las sociedades autoritarias. Sin embargo, el Estatista ha convencido a algunos antiguos conservadores de sus deméritos. En general, el argumento se formula alrededor de proteger la base industrial estadounidense. La pregunta que se hace es: ¿Cómo puede Estados Unidos permitir que sus industrias fallen y subcontratar sus necesidades vitales a otros países? ¿De dónde sacaremos nuestro acero? ¿Cómo construiremos nuestros tanques? Es una discusión en círculos. El Conservador insta a un ambiente económico sin regulaciones debilitantes e impuestos que dificultan el rendimiento y la competencia de la industria estadounidense. Él cree que la industria estadounidense es más que capaz de competir con industrias extranjeras y, en la mayoría de los casos, lo hace. Sin embargo, donde las industrias se encuentran sujetas a la mano dura del Estatista en vez de a la mano invisible del mercado libre, están bloqueadas y agobiadas de maneras ilógicas y contraproducentes.[47] Al final, es una fórmula no viable, ya que el resto del mundo no está obligado a seguirla sino encontrar maneras de explotarla. Por ende, el Estatista es destructivo del propio fin y la propia gente que profesa representar.

El Estatista frecuentemente intenta aliviarse de la responsabilidad de sus propias hazañas al invocar el mantra de "subcontratación" —es decir, contratar a empleados y empresas en el extranjero para que hagan las tareas que posiblemente podrían hacerse en Estados Unidos. En 2004, el candidato demócrata presidencial John Kerry clamó contra "Benedict Arnold CEOs" que envía trabajos estadounidenses al exterior.[48] En 2008, Obama afirmó que "debemos dejar de darles exenciones tributarias a las compañías que están enviando empleos al exterior y darles esas exenciones a las compañías que están invirtiendo aquí en los Estados Unidos de América".[49] El Estatista insta el punto de vista de que se pierden millones de empleos con tales prácticas y se queja de cada servicio telefónico de atención al cliente que abre en India. Crea la impresión de que no hay beneficios para la sociedad estadounidense de emplear a trabajadores extranjeros y no le teme instigar la animosidad étnica. Sin embargo, los hechos no sostienen la hipérbole.

Jacob Funk Kirkegaard, investigador asociado del Instituto Peterson para Economía Internacional, estudió las estadísticas oficiales de los "despidos masivos" (cincuenta o más personas) en Estados Unidos. Reveló que alrededor de 1 millón de personas de una mano de obra de alrededor de 150 millones fueron parte del despido masivo en 2004 y 2005. Solo un porcentaje pequeño de estos despidos fue debido a la exportación de trabajos. Kirkegaard escribió: "el efecto combinado sobre el empleo de exportar trabajos y de la subcontratación en el exterior representa sólo el 4% de todas las separaciones producto de despidos masivos en Estados Unidos entre 2004 y 2005".[50]

¿Y qué hay del "gran sonido de succión" de trabajos que se mudan a, digamos, México como resultado del Tratado de Libre Comercio de América del Norte (NAFTA, por sus siglas en inglés), que esencialmente eliminó varias barreras comerciales entre México, Canadá y Estados Unidos? Bueno, esos trabajos perdidos hubieran aparecido en las estadísticas de desempleo estadounidense. Sin embargo, una vez que se estableció NAFTA en 1994, el desempleo en general disminuyó.[51] En 2007, previo a la reciente recesión económica, la cifra promedio de desempleo era del 4,7%, debajo de las cifras imperantes de las décadas de los setenta, ochenta y noventa.[52]

El Estatista ignora los beneficios del comercio libre porque socava su agenda. Cuando una compañía de computadoras baja sus costos al abrir un servicio telefónico de atención al cliente en India, el precio de la computadora baja, lo cual beneficia al consumidor estadounidense. Entonces, se libera dinero en Estados Unidos para gastar de manera más productiva. Mientras los hindúes se vuelven más ricos, compran más bienes y servicios de Estados Unidos. En los últimos años, algunos de las exportaciones de bienes y servicios estadounidenses de mayor crecimiento han ido a India.[53]

¿Y qué pasa con los beneficios de inversiones extranjeras que entran a chorros a Estados Unidos? De acuerdo al Departamento de Comercio, las inversiones extranjeras crearon 447.000 trabajos nuevos en Estados Unidos entre 2003 y 2007.[54] En 2007, 5,3 millones de estadounidenses fueron empleados por filiales estadounidenses de compañías extranjeras. Estas compañías mantuvieron una nómina de $364,2 mil millones de trabajadores estadounidenses.[55]

De igual manera, la mentalidad de la que escribe Wilkinson —la resistencia contra la naturaleza creativa del mercado libre— tiene su origen en los mitos perpetuados sobre la Gran Depresión y el New Deal, que han fomentado la tolerancia, sino la demanda, de la intervención del gobierno en un sistema comercial supuestamente imperfecto y sin límites.

La Gran Depresión en realidad no comenzó en 1929 con la caída de la bolsa. En 1928, en medio de una recesión y un negocio inmobiliario en aprietos, el Directorio de la Reserva Federal severamente cortó el suministro de dinero. El interés con descuento para los bancos aumentó cuatro veces, de 3,5% a 6% de enero de 1928 a agosto de 1929. (De hecho, el suministro de dinero disminuyó un 30% durante los siguientes tres años). Al cortar el suministro de dinero y las líneas de crédito disponibles, la economía se contrajo. A su vez, el Congreso estaba debatiendo pasar la Ley Smoot-Hawley Tariff, el proyecto de ley más draconiano en la historia estadounidense. Los inversores reaccionaron. La bolsa se desestabilizó y, durante tres días de octubre de 1929, cayó.[56]

El presidente Herbert Hoover, quien hoy en día es ampliamente y equivocadamente considerado un discípulo de la política no intervencionista y un propulsor del mercado libre, aprobó la Ley Smoot-Hawley Tariff en junio de 1930. Esto ocurrió encima del Fordney-McCumber Tariff de 1922, que ya había dado un golpe terrible a la economía agrícola. Estos aranceles cerraron la puerta a la importación de productos y bienes extranjeros, encendiendo una guerra de comercio internacional que bloqueó la exportación de productos y bienes domésticos a los mercados extranjeros. En 1930 y 1931, los gastos federales se fueron al cielo, con cientos de millones de dólares en subsidios para los granjeros. El Congreso estableció la Corporación de Reconstrucción Financiera, que distribuyó cientos de millones de dólares a empresas. En 1932, Hoover firmó la Ley de Recaudación —el aumento de impuestos más grande de la historia en tiempos pacíficos— doblando los impuestos a la ganancia. La banda impositiva más alta saltó de 24% a 63%.[57] Los esfuerzos de Hoover, el Congreso y la Reserva Federal para limitar los efectos de la recesión se volvieron un desastre monumental.

En 1932, Franklin Roosevelt se postuló en contra de Hoover con una plataforma basada en recortar impuestos, recortar subsidios, recortar al gobierno y equilibrar el presupuesto. Sin embargo, al asumir el cargo, Roosevelt cambió de dirección radicalmente. Como explicaría luego el asesor de Roosevelt, Rexford Guy Tugwell: "No lo admitimos en su momento, pero casi todo el New Deal fue extrapolado de programas que comenzó Hoover".[58]

Lawrence W. Reed del Centro para Políticas Públicas Mackinac dice que durante el curso de su presidencia, Roosevelt subió el impuesto mayor a las ganancias a 79% y luego a 90%. Estableció el National Industrial Recovery Act (NIRA, por sus siglas en inglés) en junio de 1933, el cual obligó a las industrias de manufactura entrar en carteles ordenados por el gobierno y le dieron poder a una burocracia federal masiva para que dictaran los estándares de producción y los precios cubriendo 2 millones de empleadores y 22 millones de trabajadores. Aunque la Corte Suprema al final decretó la ley como inconstitucional, el daño ya se había hecho. La producción industrial bajó un 25% en los seis meses después de que se decretó la ley. Roosevelt estableció la Administración de Trabajos Civiles y luego la Administración del Progreso del Trabajo, que han sido aclamadas por darle trabajo a los desempleados poniéndolos a trabajar en la construcción de caminos, puentes y edificios. Pero estaban repletas de derroche y corrupción.[59] Y como explica Amity Shlaes, autora de *The Forgotten Man: A New History of the Great Depression*: "Las pruebas de aquel período sugieren que el gobierno estaba sacándose de encima al sector privado. Por ejemplo, el Tennessee Valley Authority le dio un golpe mortal a un empleador privado que quería electrificar el Sur... Por cada trabajo estatal que se creaba, se perdía alrededor de la mitad de un trabajo en el sector privado".[60] No hicieron nada para mejorar el problema de desempleo sistémico en el país. De hecho, Roosevelt supervisó la implementación de cientos de leyes, regulaciones, políticas y programas de gastos, y la creación de numerosas agencias para hacer cumplirlos. Y está claro que al hacer esto, alargó la desesperación económica de decenas de millones de estadounidenses al agravar la Gran Depresión.

Reed cuenta que el ministro de hacienda de Roosevelt, Henry Morgenthau, Jr., escribió en su diario personal que "hemos tratado de gastar dinero. Estamos gastando más de lo que hemos gastado jamás y no funciona... Nunca hemos cumplido con nuestras promesas... Digo que después de ocho años de esta Administración tenemos la misma cantidad de desempleo que cuando comenzamos... y ahora encima ¡una deuda gigante!".[61] En ningún momento durante los ocho años de la Gran Depresión bajo el mando de Roosevelt bajó la cifra de desempleo a menos del 14%.

Y las estadísticas de desempleo (en porcentaje) enfatizan el lamento de Morgenthau.

1930—8,9
1931—15,9
1932—23,6
1933—24,9
1934—21,7
1935—20,1
1936—17,0
1937—14,3
1938—19,0
1939—17,2
1940—14,6
1941—9,9
1942—4,7.[62]

Según un extenso estudio de 2004 por Harold L. Cole y Lee E. Ohanian, economistas de la Universidad de California en Los Ángeles (UCLA), "las políticas de estímulo mal concebidas" extendieron la Depresión siete años. Ohanian relata que "los altos salarios y altos precios durante una depresión económica van en contra de todo lo que sabemos sobre las fuerzas del mercado durante recesiones económicas. Como hemos visto en los últimos años, los salarios y los precios caen cuando el desempleo es alto. Al inflar a ambos artificialmente, las políticas del New Deal provocaron un cortocircuito en las fuerzas de autocorrección del mercado".[63] Los economistas señalan que el NIRA eximió a más de quinientas industrias —contando alrededor de 80% del em-

pleo privado y no agrícola— de juicios antimonopolios como incentivo para entrar en acuerdos de negociación de convenios con
los sindicatos. Esto elevó los precios y los salarios. Concluyen que
la Depresión hubiera finalizado en 1936 en vez de en 1943. Cole
explica: "El hecho de que la Depresión se estiró durante años con-
venció a generaciones de economistas y legisladores de que no se
podía confiar en el capitalismo para recuperarse de depresiones y
que se requería una intervención gubernamental importante
para conseguir buenos resultados. Irónicamente, nuestro trabajo
demuestra que la recuperación hubiera sido muy rápida si el gobierno no hubiera intervenido".[64]

El hecho es que el New Deal fue, en general, un fracaso fu-
nesto. Sin embargo hoy sirve como el prototipo del Estatista
para gobernar. En 2009, el presidente Obama y el Congreso gastaron cientos de miles de millones de dólares en un proyecto de ley
de estímulo que está tan engrasado de esplendidez con intención
política —redistribuyendo sumas sin precedente de dinero recaudado de impuestos a circunscripciones e intereses particulares—
que lo único que estimulará es el poder del Estatista.

La razón por la cual los planes de estímulo como estos no fun-
cionan es una realidad fundamental de gobernabilidad: el gobierno no le agrega valor a la economía. Le quita valor a la
economía al imponerle impuestos a un ciudadano y darle dinero
a otro. O le pide prestado dinero que, de lo contrario, sería usado
por inversores y lo distribuye a otra parte. O emite más dinero y
amenaza el valor del dólar. Nada es estimulado. El poder adquisi-
tivo aumenta. Es más, los políticos y burócratas están sustituyendo
sus decisiones desinformadas y en gran parte políticas por aquellas
del mercado. Sus errores de cálculo del pasado demuestran que no

poseen ni pueden poseer la información, el conocimiento, los medios y la disciplina para manejar la economía.

Claro, la mejor manera de estimular la economía sería que el gobierno federal cortara los impuestos a la plusvalía, el impuesto sobre las rentas de empresas y el impuesto a las ganancias individuales, y así aumentar la liquidez disponible para *individuos y empresas* para tomar decisiones sobre sus propias circunstancias económicas. Como la mayoría de la gente no esconde su dinero en cajas de cigarros, el dinero adicional sería gastado o invertido. El ambiente más favorable para inversiones atraería también al flujo de inversiones extranjeras al mercado estadounidense de países que le cobran impuestos más altos a sus ciudadanos y empresas. Además, la bolsa reaccionaría favorablemente a los gastos y ahorros orientados al mercado y se beneficiaría directamente del aumento de valores de renta variable que resultaría del aumento de la confianza del inversor.

En ese sentido, en 1981, cuando la economía vacilaba por intereses de dos dígitos, desempleo e inflación, el presidente Ronald Reagan apoyó la promulgación de la Ley del Impuesto a la Recuperación Económica (Economic Recovery Tax Act), (el proyecto de ley de Kemp-Roth). Recortó los segmentos de impuesto a la renta individual federales por 25%, a través de tres años, y catalogó los intereses contra la inflación para evitar el aumento gradual de los segmentos fiscales en los siguientes años. La ley también estableció el Sistema de Recuperación de Costo Acelerado (Accelerated Cost Recovery System) y un crédito impositivo de inversión del 10%, el cual llevó a un aumento considerable en la formación de capital. La meta era crear incentivos para remover importantes barreras gubernamentales para la inversión, la productividad y el crecimiento. El resultado: la inflación disminuyó de 13,5% en 1980 a 4,1% en 1988. Las tasas de interés bajaron del 18% en un préstamo hipotecario a treinta años en 1981 a 8% en 1987; y el desempleo disminuyó de un pico de cerca del 10% en la recesión de 1981–82 a 5,5% en 1989, una vez que se sintió toda la fuerza de los recortes impositivos.[65] El programa económico de Reagan, basado mayormente en los principios del mercado libre, estimuló la prosperidad económica que creó, durante los siguientes veinticinco años, 43 millones de empleos y $30 billones en riqueza.[66]

Pero el Estatista está comprometido con otro camino. No lo conmueven ni la razón, ni las pruebas ni la historia. El peligro al individuo y a la sociedad civil de sus esfuerzos constantes por manejar la libertad y la propiedad privada no se pueden enfatizar lo suficiente. El difunto economista Friedrich Hayek, en su clásico libro *The Road to Serfdom*, escribió:

Nadie vio más claramente que el gran pensador político Tocqueville que la democracia se encuentra en un conflicto irreconciliable con el socialismo: "La democracia extiende la esfera de la libertad individual", dijo. "La democracia ata todo valor posible a cada hombre", dijo en 1848, "mientras que el socialismo hace que cada hombre sea un mero agente, un mero número. La democracia y el socialismo no tienen nada en común excepto una palabra: igualdad. Pero notemos la diferencia: mientras la democracia busca la igualdad en la libertad, el socialismo busca la igualdad en los límites y la servidumbre".

Para aplacar estas sospechas y utilizar el motivo más fuertemente político de todos los motivos —el deseo de libertad— los socialistas comenzaron a utilizar cada vez más la promesa de una "nueva libertad". El socialismo iba a traer "libertad económica", sin la que la libertad política "no valdría la pena".

Para hacer que este argumento sonara convincente, la palabra "libertad" fue sujeta a un cambio de significado sutil. La palabra antes había significado libertad ante la coacción, ante el poder arbitrario de otros hombres. Ahora le habían dado el significado de libertad ante la necesidad, liberación ante las compulsiones de las circunstancias que inevitablemente limitan el rango de elección de todos. La libertad, en este sentido, claro, es meramente otro nombre para el poder o la riqueza. El pedido de una nueva libertad era, entonces, solo otro nombre para la vieja exigencia de la redistribución de riquezas.[67]

En el mercado libre, un hombre que nace rico o que de otra manera adquiere grandes riquezas puede perder su fortuna dependiendo de cómo elige comportarse. Por el contrario, un hombre que nace pobre o pierde su riqueza alguna vez adquirida puede adquirir una fortuna, dependiendo nuevamente de cómo elige comportarse. Cuando el individuo o hasta una gran empresa toma la decisión equivocada, su impacto se limita y es más fácilmente absorbido por el mercado libre. Sin embargo, cuando el Estatista toma una decisión equivocada, su impacto tiene gran alcance, ya que él usa el poder del gobierno para imponer su decisión en tantos individuos y empresas como sea posible, lo cual distorsiona al mercado libre en sí.

El mercado libre no puede ser completamente contenido ni en los regímenes más represores. Pero en un despotismo suave, donde la intervención del gobierno es dominante pero no absoluta, el individuo y la sociedad igualmente pagan un alto precio por la malversación de recursos del gobierno, que si no podrían haberse usado para desarrollar nuevas tecnologías, productos, medicinas, trabajos, etc., que le hacen un bien mayor tanto al individuo como a la sociedad. Los economistas los llaman *costos de oportunidades perdidas*. Es difícil sino imposible cuantificar aquello que podría haber sido si el gobierno no hubiese intervenido, porque es imposible identificar el número incalculable de individuos que habrían participado de un número incalculable de interacciones y transacciones si hubieran tenido la libertad de elegir su camino. Es más, los costos de oportunidades perdidas a menudo se esconden del individuo, dado que la intrusión del gobierno en el mercado libre en general es incremental y muchas veces indirecta.

Además, cuando el Estatista ejercita la autoridad arbitrariamente, sustituyendo sus propias preferencias ideológicas por las decisiones racionales de decenas de millones de individuos operando en el mercado libre, no solo crea miseria a corto plazo, como escasez y saltos en los precios, sino que también miseria a largo plazo porque también desalienta la inversión a largo plazo. El individuo no puede saber de manera racional ni predecir cómo mejor aplicar su trabajo y plan para el futuro. El gobierno deja de ser una fuerza confiable para la estabilidad. La compañía petrolera no puede estar segura de cómo mejor dirigir sus recursos para desarrollar recursos de energía alternativa. El granjero no puede estar seguro de cómo mejor usar su tierra. La compañía automotriz no puede estar segura de cómo mejor cumplir con las demandas del consumidor. La familia no puede estar segura de cómo mejor invertir y ahorrar para su propia seguridad financiera. *La tiranía caótica* supera la libertad ordenada.

El Conservador comprende que si Estados Unidos quiere seguir siendo una sociedad civil vigorosa en donde el individuo puede seguir mejorando y progresando, las fuerzas presentadas contra el mercado libre deben ser interrumpidas y su curso finalmente revertido. El presidente Abraham Lincoln lo resumió bien cuando dijo: "La propiedad es el fruto del trabajo… la propiedad es deseable… es un bien positivo en el mundo. Que algunos sean ricos demuestra que otros pueden hacerse ricos, y por lo tanto es solo un estímulo para la industria y la empresa. No dejemos que aquel sin casa tire abajo la casa de otro; pero permitámosle trabajar diligentemente y construir una para sí mismo, entonces, con el ejemplo, se asegura de que su propia casa estará a salvo de la violencia al construirla".[68]

7

Sobre el estado benefactor

Si el Estatista fuera a idear un plan donde un abuelo le robara ingresos futuros a su propio nieto, ¿el abuelo estaría de acuerdo con un comportamiento tan inmoral? Sin embargo, los programas de ayuda social tienden a ser estafas intergeneracionales que amenazan el bienestar de futuras generaciones con obligaciones financieras masivas contraídas de beneficios recibidos por la actual generación. El Santo Grial de tales programas es el de Seguro Social, seguido por Medicare y Medicaid.

En 2008, David Walker, el contralor general de Estados Unidos, informó que la carga total en el valor presente del dólar de estos y otros programas de ayuda social, incluyendo las responsabilidades, los compromisos y las contingencias federales, es de alrededor de $53 billones. Agregó: "Imaginen si decidimos poner a un lado e invertir lo suficiente hoy para cubrir las promesas de mañana. Tomaría aproximadamente $455.00 por familia estadounidense —o $175.00 por cada hombre, mujer y niño en Estados Unidos".[1] Los gastos de solo Medicare y Medicaid "amenazan con consumir una parte insostenible del presupuesto y la economía en las décadas que vienen. El gobierno federal en esencia ha escrito un 'cheque en blanco' para estos programas".[2]

Walker cerró su informe con esta declaración azarosa: "Los presupuestos, los déficits y el panorama a largo plazo a nivel fiscal y económico no se tratan solo de cifras, también tienen que ver con los valores. Es hora de que todos los estadounidenses, en especial los *baby boomers*, reconozcan nuestra obligación de administración colectiva para el futuro. Al hacer esto, debemos actuar pronto porque el tiempo nos juega en contra. Debemos tomar decisiones que pueden ser difíciles y desagradables hoy para evitar pasar una carga aun mayor a las generaciones futuras. No seamos la generación que le dejó la cuenta por su llamativo consumo a sus hijos y nietos".[3]

En Estados Unidos, el concepto de "seguridad social" se remite al comienzo del siglo XX y al trabajo del profesor de la Universidad de Columbia, Henry Rogers Seager. Las ideas expuestas por Seager en su trabajo "Seguridad Social: Un programa de reforma social" brindaron una lógica para el estado benefactor moderno. Seager, a su vez, estaba fuertemente influenciado por los modelos de socialismo europeo. Como bien explicó: "Para otras grandes secciones del país —las secciones donde la manufactura y el comercio se han convertido en los intereses dominantes de la gente, donde los pueblos y las ciudades han madurado, y donde el asalariado es el típico ciudadano americano— el credo simple de individualismo ya no es adecuado. Para estas secciones no necesitamos la libertad de la interferencia gubernamental, sino una clara apreciación de las condiciones que hacen a una asistencia social común, en contraste con el éxito individual, y un programa agresivo de control y regulación gubernamental para mantener estas condiciones".[4]

Claro, la defensa de Seager para "un programa agresivo de control y regulación gubernamental" era una desviación radical de los principios fundadores de la nación y el sistema constitucional. Sin embargo, los puntos de vista de Seager, hoy en día, están publicados por la Administración de Seguro Social, que ha reeditado su libro en su totalidad en su sitio web.[5]

Durante la Gran Depresión, el presidente Franklin Roosevelt personalmente eligió una comisión de seguridad económica para proveer recomendaciones para aliviar los efectos debilitantes de la Depresión. Esta comisión "recomendó que el gobierno federal creara un programa nacional que estableciera un sistema de beneficios para el desempleo y la vejez y permitiera a los estados brindar beneficios de asistencia pública".[6] Sin sorpresa para nadie, Roosevelt rápidamente puso las recomendaciones en acción. Al empujar para que pasaran la propuesta legislativa de Seguro Social, Roosevelt declaró: "La seguridad [económica] en tiempos pasados se obtenía a través de la interdependencia de miembros de la familia unos con otros y de las familias dentro de una pequeña comunidad unas con otras. Las complejidades de grandes comunidades y de la industria organizada hacen que estos medios de seguridad simples sean menos reales. Por lo tanto, estamos obligados a emplear el interés activo de la Nación en su totalidad a través del gobierno para fomentar una mayor seguridad para cada individuo que la compone… La búsqueda de una mayor medida de bienestar y felicidad no indica un cambio en valores. Es más bien una vuelta a los valores perdidos en el curso de nuestro desarrollo y expansión económicos".[7]

Roosevelt se alejó poco del estatismo de Seager. El Seguro Social fue un cambio total en la relación entre el individuo y el gobierno federal. De hecho, marcó uno de los cortes más tempranos y tangibles con las tradiciones económicas y constitucionales estadounidenses. Y esa era la intención de Roosevelt. Él diseñó el Seguro Social para enredar al individuo en una ficción metodológica —la ilusión de seguridad— que volvería al individuo un adicto al opio de los derechos. Roosevelt quería que los individuos creyeran que estaban "contribuyendo" hacia un "programa de seguro" que financiaría un "crédito" del cual ellos recibirían "beneficios ganados". Roosevelt rechazó la idea de brindar pagos de asistencia social directos a los ancianos y desempleados porque él creía que tal financiación con el tiempo perdería apoyo entre aquellos que debían pagar impuestos para financiarlo. Insistió que hasta la persona con el salario más bajo cubierto por el programa pagara el mismo impuesto sobre nóminas fijo que el millonario.

En respuesta a las críticas de que el impuesto sobre nóminas era regresivo, Roosevelt respondió: "Esos impuestos nunca fueron un problema de economía. Son totalmente políticos. Pusimos esos impuestos sobre nóminas ahí para darles a los contribuyentes un derecho legal, moral y político para cobrar sus pensiones y sus prestaciones de desempleo. Con esos impuestos metidos ahí, ningún condenado político podrá descartar mi programa de seguro social".[8]

Los impuestos quizá nunca fueron un problema de economía para Roosevelt, pero el problema económico que él desató en la sociedad estadounidense se ha vuelto enorme, gracias a las políticas con las que jugó con la gente y su futuro. Y hoy en día continúa, como él sabía que ocurriría. El Seguro Social es un programa muy popular porque el individuo ha sido engañado por el Estatista y cree que el gobierno ha estado manejando diligentemente y con cautela su inversión de pensión acumulada en su cuenta de Seguro Social, que él asume está financiada por sus propios impuestos sobre nóminas. Le han hecho creer que él es un accionista en el sistema y que se ha ganado cualquier beneficio que puede llegar a crear el Estatista. Y este punto de vista es reafirmado por una variedad de herramientas de propaganda, incluyendo el gobierno regularmente enviándole al individuo información por correo, dándole la impresión falsa de que sus impuestos sobre nóminas se han puesto a un lado para su uso cuando se jubile, basado en una fórmula incomprensible. Es una artimaña meticulosa que involucra todas las partes del gobierno —desde las ramas electas hasta la Administración de Seguro Social.

Como explicó el difunto economista Milton Friedman:

> Para preservar la ficción que dice que el Seguro Social es un seguro, han sido depositados bonos con intereses del gobierno de un determinado monto en un así llamado fondo fiduciario. Es decir, una rama del gobierno, el Departamento del Tesoro, le ha dado un pagaré a otra, la Administración de Seguro Social. Cada año a partir de entonces, el Departamento del Tesoro le da a la Administración de Seguro Social pagarés adicionales para cubrir el interés debido. La única manera en que el Departamento del Tesoro puede canjearle su deuda a la Administración de Seguro Social es pedirle prestado dinero al público, tener un excedente en sus otras actividades o hacer que la Reserva Federal emita dinero —las mismas alternativas que tendría para pagar el Seguro Social si no hubiera un fondo fiduciario. Pero se cuenta con la contabilidad de un apretón de manos de un fondo fiduciario falso para esconder este hecho de un público crédulo.[9]

Herida por los críticos, la Administración de Seguro Social responde insistiendo: "Lejos de ser 'pagarés sin valor' las inversiones en los fondos fiduciarios están apoyadas por toda la fe y el crédito del gobierno estadounidense. El gobierno siempre ha saldado al Seguro Social, con interés".[10] Claro, de lo que la agencia no se percató es de su afirmación de que el Seguro Social no está basado en ningún modelo de seguros conocido. Los contribuyentes son, al final, "toda la fe y el crédito" detrás del gobierno estadounidense. La agencia tiene billones de dólares en pagarés que los contribuyentes han asumido sin querer y que algún día tendrán que cumplir, porque no hay cuentas con fondos de las cuales el individuo pueda sacar dinero. Los impuestos sobre nóminas son gastados por el gobierno desde el momento en que son descontados de los salarios de los empleados.

Friedman explicó: "[El Seguro Social] le presta demasiada atención a la "necesidad" para justificarse como devolución por impuestos pagados, y le pone demasiada atención a los impuestos pagados como para justificar que están adecuadamente ligados a la necesidad".[11] Y porque el costo verdadero del Seguro Social está enmascarado en terminología de seguros, la presión para aumentar la suficiencia de los beneficios es constante. Hoy en día, el Seguro Social paga beneficios de jubilación; para viudas, viudos, niños y padres dependientes; y para discapacidad. Ampliando y complicando el programa aún más, la mayoría no sabe que ahora hasta toca los fondos de los impuestos en general para pagar ingresos suplementarios para ancianos que están discapacitados o ciegos, y dinero para comida y ropa.

Pero el Estatista siempre ha considerado al Seguro Social como la base para construir su contrarrevolución. Roosevelt y un grupo relativamente pequeño de amigotes, la mayoría de quienes provienen de la academia y el movimiento sindical y trabajaron su voluntad en los pasillos de la burocracia y el Congreso —generalmente fuera del ojo del público— había querido incluir asistencia médica universal manejada por el gobierno como parte del Seguro Social. Pero fue visto como demasiado ambicioso a nivel político hasta para un Congreso mayormente demócrata. Sin embargo, sabían que si persistían de manera incremental, manipulando información pública y percepciones y agregando más y más personas en las listas de Seguro Social, con el tiempo lograrían su fin.

En 1940, alrededor de 220.000 personas recibieron cheques mensuales del Seguro Social. Para 2004, la cifra llegó a 47 millones, más otros 7 millones que recibieron pagos en efectivo bajo la Seguridad de Ingreso Suplementario.[12] En 2030, se espera que el Seguro Social cubra 84 millones de personas y consuma el 6% de la economía de la nación, porcentaje que subió desde el 4%.[13]

¿Cómo pudo el gobierno federal legalmente obligar a los empleadores y empleados a que "contribuyan" a un programa de "seguro" —particularmente un programa que fue concebido bajo engaño y castiga a sus hijos y nietos? La constitucionalidad del programa fue desafiada y en 1937 la Corte Suprema falló en *Helvering v. Davis* que "la recaudación de ambos impuestos se debe pagar al Departamento del Tesoro como se hace generalmente como impuesto a los ingresos internos, y no son marcados de ninguna manera".[14] Por ende, mientras Roosevelt le insistía al público que el Seguro Social era un programa de seguro basado en fondos segregados y beneficios ganados, sus abogados estaban en la Corte insistiendo que no era así para nada —y la Corte Suprema jugó su parte y traicionó a la Constitución.

Esto claramente no era lo que los Redactores tenían en mente.

En una carta a Edmund Pendleton, un delegado de Virginia en el Primer Congreso Continental así como un estadista influyente, James Madison, escribió: "Si el Congreso puede hacer lo que sea esté en su discreción en cuanto al dinero, y si promueven el bienestar general, el gobierno ya no es un gobierno limitado con poderes enumerados, sino uno indefinido sujeto a excepciones particulares".[15]

El presidente Harry Truman siguió el punto de Roosevelt. En su Discurso sobre el estado de la unión en 1948, Truman afirmó: "La brecha más grande dentro de nuestra estructura de seguro social es la falta de una provisión adecuada para la salud de nuestra Nación... a menudo he instado fuertemente que esta condición requiere de un programa nacional de salud. El centro de este programa debe ser un sistema de pago nacional para el cuidado médico basado en principios bien probados de los seguros... Nuestra meta primordial debe ser un sistema de seguros integral para proteger a toda nuestra gente por igual en contra de la inseguridad y la mala salud".[16]

En 1965, el presidente Lyndon Johnson, construyendo sobre el New Deal y su Gran Sociedad, usó el paraguas de la ley del Seguro Social para establecer dos programas de ayuda social enormes —Medicare y Medicaid. Como dijo Johnson al firmar el proyecto de ley de Medicare: "En 1935, cuando... Franklin Delano Roosevelt firmó la Ley de Seguro Social, dijo que era, y lo cito, 'un pilar en una estructura que se está construyendo pero que de ninguna manera está terminada'. Bueno, quizá ninguna acción en toda la administración del querido Franklin D. Roosevelt realmente hizo más para ganarse el lugar ilustre en la historia que tiene como lo hizo colocar ese pilar... Y aquellos que comparten este día también serán recordados por hacer la adición más importante a esa estructura, y ustedes lo están haciendo con este proyecto de ley, la adición más importante que se ha hecho en tres décadas".[17]

Johnson explicó: "A través de esta nueva ley... todo ciudadano podrá, durante sus años productivos mientras tiene un ingreso, asegurarse a sí mismo contra los estragos de enfermedades en la vejez. Este seguro ayudará a pagar el cuidado en hospitales, en calificados hogares de ancianos o en la casa. Y bajo otro plan, ayudará a cumplir con las tarifas de los médicos".[18]

Johnson, como Roosevelt, comprendió la importancia de engañar al pueblo estadounidense al sumar los costos potenciales de Medicare a la mentira del seguro.

Además, la viabilidad económica de Medicare fue intranscendente para Johnson, quien, también como Roosevelt, vio la ventaja política como una consideración primaria. Como le dijo Wilbur Mills, el presidente de la comisión House Ways and Means, a Johnson cuando le informó que su comisión había pasado el proyecto de ley de Medicare: "Creo que te conseguimos algo que no solo nos servirá para la campaña de 1966 sino también como campaña de ahora en adelante".[19] Y así fue.

Hoy en día, Medicare cubre a la mayoría de las personas de sesenta y cinco años o más, algunos menores a sesenta y cinco con discapacidades y gente con enfermedad renal en la etapa final. Cubre la mayoría del cuidado del paciente hospitalizado, un poco del cuidado del paciente hospitalizado en un hogar de ancianos, algo del cuidado en casa, el cuidado en residencias para pacientes terminales, los servicios médicos, el cuidado del paciente externo, la fisioterapia y logopedia del paciente externo y la mayoría de los medicamentos recetados.[20] Como Medicare le paga directamente a los proveedores, los que usan Medicare tienen poco incentivo para comportarse de manera rentable. Como ocurre con el Seguro Social, casi todos "contribuyen" al sistema a través del impuesto sobre nómina, sin importar el nivel de ingresos. Medicare también es "financiado" a través de los impuestos a las ganancias y pagos deducibles relativamente pequeños. Nuevamente, no hay relación entre los impuestos pagados y los beneficios recibidos y no hay fondos fiduciarios para futuros pagos.

Diecinueve millones de individuos se inscribieron en Medicare inicialmente. A partir de 2006, cubrió a 43 millones de personas —alrededor de 36 millones de ancianos y 7 millones de discapacitados.[21] En 2030, se espera que Medicare cubra a 79 millones de personas y consuma 11% de la economía nacional, anteriormente un 3%.[22]

Medicare tiene pagarés más grandes y los está acumulando más rápidamente que el propio Seguro Social. En 2008, los administradores emitieron una advertencia de fondos por el segundo año consecutivo, llamando la atención a las presiones extremas de los costos en el programa que resultaron de un pueblo avejentado y costos crecientes, y al uso excesivo de los fondos recaudados de impuestos generales para pagar beneficios, e instaron al Congreso a que hiciera algo al respecto.[23] "Cuanto más se prolongue la acción, más grandes serán los ajustes necesarios, más grande será la carga para generaciones futuras y más severo el impacto económico perjudicial sobre nuestra nación".[24] Los administradores también estimaron que la obligación no financiada es de más de $36 billones.[25]

También en 1965, Johnson y el Congreso demócrata pasaron el proyecto de ley de Medicaid. Claro, este también fue establecido bajo la Ley de Seguro Social. Es un programa federal y estatal que originalmente se limitaba a pagar la mayoría de las facturas médicas de gente de bajos recursos. Al principio, Medicaid cubrió a 4 millones de individuos. Desde entonces ha evolucionado a mucho más, cubriendo a los ancianos, gente con discapacidades, niños y mujeres embarazadas —alrededor de 51 millones de personas.[26] En 2006, el contribuyente federal pagó 57% de los costos de Medicaid. El contribuyente estatal pagó casi todo lo demás.[27] De igual manera, Medicaid consume un promedio de más del 21% del total de los gastos estatales, haciendo de este el gasto estatal más grande.[28]

Medicare y Medicaid juntos cubren a 86 millones de personas (8 millones están cubiertos por ambos programas) o alrededor de un cuarto de la población entera de la nación.[29]

El Seguro Social, Medicare y Medicaid están construidos sobre una familia de estafas —el fraudulento encubrimiento de hechos materiales, la fraudulenta representación de hechos materiales y la fraudulenta conversión del dinero de uno para el uso del otro. Son una mezcla compleja de impuestos, beneficios, obligaciones y derechos que ningún individuo puede comprender bien y en la que el gobierno teje desinformación y confusión. Los "trabajadores pobres" subsidian a "los ricos", "los ricos" subsidian a "los trabajadores pobres", "la clase media" se subsidia a sí misma así como también a "los trabajadores pobres" y "los ricos", y las generaciones futuras quedan pagando la deuda aplastante creada por todo, ya que el gobierno gasta mucho más de lo que recauda. Pero se dice que los programas son tan virtuosos —pensiones para los ancianos, compensaciones para los desempleados, medicina para los enfermos y ayuda para los discapacitados— que pocos se animan a sonar la alarma de la inminente catástrofe económica que amenaza con desestabilizar y destruir la sociedad civil.

Martha Derthick, del Instituto Brookings, escribió sobre el Seguro Social hace más de veinticinco años, y lo que dijo también se puede aplicar a Medicare y Medicaid: "Los analistas económicos que expusieron lo que ellos veían como el mito del seguro social aprendieron a recibir la inevitable respuesta rápida y enérgica de los ejecutivos del programa, en especial si los críticos eran liberales y, por lo tanto, podían ser vistos... como "amigos naturales" del sistema. Entonces serían acusados de herejía y los harían sentir que estaban haciendo peligrar el sistema". Jodie Allen, una economista quien escribió un artículo crítico para el *Washington Post* en 1976 ("Social Security: The Largest Welfare Program" (El seguro social: el programa de asistencia social más grande)), describió la respuesta:

> Me inundaron llamados y cartas de los guardianes del sistema de seguro social... diciendo, "Oye, Jodie, siempre nos caíste bien, ¿pero cómo puedes decir esto?". Yo actué muy cortésmente y dije: "Bueno, ¿qué tiene de malo esto; acaso no es verdad?". Y ellos dijeron: "Ah, sí, es verdad, pero una vez que empiezas a decir este tipo de cosas, no sabes dónde va a terminar". Entonces percibí que el seguro social no era un programa; era una religión.[30]

Una religión en serio. Vaya con la supuesta dependencia del Estatista en la razón, el empirismo y el conocimiento.

En 2008, la Oficina de Presupuesto del Congreso (CBO, por sus siglas en inglés) proyectó que si quedan sin cambiar el Seguro

Social, Medicare y Medicaid, para 2082 "la tasa impositiva para el segmento fiscal más bajo subiría del 10% al 25%; la tasa impositiva sobre los ingresos en el segmento actual del 25% tendría que aumentar al 63%; y la tasa impositiva del segmento fiscal más alto tendría que aumentar del 35% al 88%. El impuesto corporativo a la renta más alta también aumentaría del 35% al 88%. Estas tasas impositivas reducirían considerablemente la actividad económica y crearían problemas serios con el ignorar y el evadir impuestos. Los ingresos serían menores de los necesarios para financiar el crecimiento del gasto; por lo tanto, las tasas impositivas a tales niveles probablemente no serían económicamente viables".[31]

A pesar de las advertencias graves de la CBO, del antiguo contralor general de Estados Unidos y de varios administradores de que estos programas son insostenibles y requieren de atención urgente, el saqueo de las generaciones futuras no solo continúa, sino que el Estatista propone mucho más de lo mismo en el "cuidado de salud nacional" manejado por el gobierno o "asistencia médica universal". Al igual que Roosevelt y Johnson, para el Estatista de hoy esto se trata de poder.

Los defensores del cuidado de salud manejado por el gobierno dicen que 47 millones de personas no tienen seguro médico en Estados Unidos. Por ejemplo, durante la llamada Semana para cubrir al que no tiene seguro (Cover the Uninsured Week) en 2008, la líder demócrata de la Cámara de Representantes Nancy Pelosi declaró en un comunicado que este era el "momento para reafirmar nuestro compromiso con el acceso a un cuidado de salud de calidad y económico para todo estadounidense, incluyendo los 47 millones que viven con miedo de hasta una enfermedad menor porque no tienen seguro médico... En la nación más rica del mundo, es un escándalo que un solo estadounidense o niño deba enfrentar la vida sin la seguridad económica de un seguro médico".[32] Este es otro engaño.

En 2006, el Agencia del Censo informó que había 46,6 millones de personas sin seguro médico. Alrededor de 9,5 millones no eran ciudadanos americanos. Otros 17 millones vivían en casas con ingresos que excedían los $50.000 al año y podían, supuestamente, comprar su propio seguro médico.[33] Dieciocho millones de los 46,6 millones de no asegurados tenían entre dieciocho y treinta y cuatro años de edad, la mayoría de los cuales gozaban de buena salud y no necesariamente les hacía falta un seguro médico o eligieron no comprarlo.[34] Además, solo el 30% de la población excluyendo ancianos que dejó de tener seguro en un año determinado, permaneció sin seguro durante más de doce meses. Casi el 50% recobró su seguro médico en cuatro meses.[35] La cifra de los 47 millones de "no asegurados" usada por Pelosi y otros es sumamente imprecisa.

¿Y por qué se acepta como un hecho cuando Pelosi y otros Estatistas afirman que el gobierno puede brindar servicios de cuidado de salud más eficientemente y para todos los que los necesitan? El ejemplo inglés muestra pruebas convincentes que el cuidado de salud manejado por el gobierno es un desastre, sino letal, para demasiados.

En Gran Bretaña, para limitar las horas de espera en las salas de emergencia, el Servicio Nacional de Salud ha establecido que todos los pacientes admitidos al hospital sean tratados dentro de cuatro horas.[36] Sin embargo, las ineficiencias del sistema manejado por el gobierno no se pueden curar con una ley. Como consecuencia, en vez de permanecer sentados durante horas en la sala de espera del hospital, miles de pacientes se ven obligados a esperar en las ambulancias estacionadas fuera de las salas de emergencia.[37] Hacer que los pacientes esperen en las ambulancias permite a los hospitales usar un pretexto para retrasar la atención. Si el paciente está esperando en la ambulancia, no puede ser admitido al hospital y, por lo tanto, no requiere ser tratado dentro del período legal de cuatro horas.

La espera para las cirugías es un desastre sistémico. Los pacientes esperan entre uno y dos años para recibir cirugías para reemplazar la cadera o la rodilla.[38] Entre todas las especialidades, uno de cada siete pacientes espera más de un año para ser tratado.[39] Los niños deben viajar a Estados Unidos para recibir ciertos tratamientos de cáncer que no están disponibles bajo el sistema de salud de Inglaterra.[40]

Al igual que los médicos, los dentistas son empleados del gobierno y deben cumplir con cuotas anuales de tratamientos. Una vez que llenan sus cuotas, a los dentistas no se les paga para hacer trabajos adicionales. Recientemente, algunos dentistas en partes de Inglaterra rechazaron a pacientes y se fueron de vacaciones porque ya habían cumplido con sus cuotas anuales.[41] No hay suficientes dentistas públicos para tanta gente —aunque menos de la mitad de los adultos están inscritos con dentistas públicos. Aquellos que logran ver a un dentista a menudo reciben tratamientos superficiales. Es común que un dentista pase cinco minutos en una limpieza. Como resultado, muchos ingleses se ven obligados a buscar cuidado dental en el extranjero. Un destino preferido es Hungría.[42]

Una encuesta reciente en Inglaterra indica que tanto como uno de cada tres médicos de familia y hospitales cree que los pacientes ancianos no deberían recibir tratamientos gratis si es poco probable que los ayude a largo plazo. La mitad de los médicos creen que a los fumadores se les debería negar la cirugía de bypass y un cuarto cree que los obesos no deberían recibir cirugía para reemplazar sus caderas.[43]

Durante su campaña de 2008 para la nominación demócrata para presidente, la entonces senadora Hillary Clinton contó repetidamente la historia sorprendente de una mujer embarazada que estaba por dar a luz. Sintiéndose mal, esta mujer fue a su hospital local pero le negaron la atención porque no tenía seguro médico y no podía pagar los cien dólares para el tratamiento. Poco tiempo después, la mujer fue llevada de urgencia en una ambulancia al mismo hospital, donde su bebé nació muerto. Varias semanas más tarde, la mujer murió por complicaciones.

¿Una historia trágica? La verdad que sí. Pero la historia era mentira. La mujer no fue negada atención en el hospital. Tenía seguro médico. Había recibido cuidado de obstetricia de doctores afiliados con el hospital.[44]

Parecer ser que en su búsqueda de un ejemplo de la crueldad del sistema privado de salud, Clinton se quedó corta. Pero no es tan difícil encontrar dichos ejemplos en el cuidado de salud público.

Tomemos como ejemplo a Barbara Wagner, quien fue diagnosticada con un cáncer de pulmón recurrente. Sus médicos recomendaron un medicamento especial para ayudar a prolongar y mejorar su calidad de vida. Sin embargo, Barbara reside en Oregon y, por lo tanto, es parte de la asistencia médica de Oregon, manejada por el estado. El estado le negó el pedido del medicamento a Barbara porque no cubre medicamentos que están hechos para alargar la vida de individuos con cáncer avanzado. Después de todo, cuando la asistencia médica de Oregon fue establecida en 1994 "la intención era racionar la asistencia médica". Pero Oregon ha legalizado el suicidio asistido, y en una carta sin firma del estado, Barbara fue informada de que su seguro médico pagaría para cubrir los costos de un médico que la ayudaría a matarse.[45]

Barbara no estaba lista para que la mataran. Sin embargo, parecía que había llegado a un callejón sin salida —hasta que la compañía farmacéutica supo de su lucha y le brindó a Barbara el medicamento sin cargo.[46]

A diferencia del cuidado privado, donde las decisiones o políticas difíciles, equivocadas o hasta malas de una sola compañía de seguro, hospital o médico tienen un impacto social limitado, las decisiones y políticas gubernamentales tienen un efecto amplio en la industria del cuidado de la salud, las profesiones médicas y la población de pacientes. Además, la centralización continua de las decisiones sobre el cuidado de salud asegura más racionamiento por decreto del gobierno con menos avenidas de escape para individuos necesitados que son negados cuidados de salud críticos. Por ejemplo, porque Medicare y Medicaid, junto con programas de cuidado de salud manejados por el gobierno, hacen del gobierno federal el comprador más grande de medicinas y servicios médicos, tiene una influencia enorme en los medicamentos, aparatos médicos, terapias y modos de tratamiento disponibles para los estadounidenses. Logra esto a través de formularios: las listas de medicamentos aprobados que estos programas pagarán. Por lo tanto, aquellos a los que el gobierno no aprobará el pago, en general no llegarán al mercado o no permanecerán en el mercado por mucho tiempo, influenciando considerablemente la dirección de la investigación y el desarrollo. Los esquemas de pago del gobierno también afectan la naturaleza y calidad del cuidado médico y hospitalario a través del mercado.

El Estatista arguye que millones de personas se benefician con esos "seguros" manejados por el gobierno. Billones de dólares en gastos gubernamentales a través de los años deberían resultar en beneficios, en particular para aquellos que reciben mucho más de lo que "contribuyeron" al sistema. Sin embargo, *decenas de millones de personas se benefician con el seguro médico privado* y reciben la mejor atención médica del planeta. Hasta los programas manejados por el gobierno se benefician con los avances médicos que el sector privado todavía logra producir; sin esos avances, el gobierno tendría poco para racionar. Y el sector privado no empobrece por la fuerza a generaciones futuras con una deuda descomunal adquirida en nombre de los beneficiarios actuales.

Además, millones de personas podrían beneficiarse más si no se vieran obligadas a participar en un programa de "pensión" o "seguro" manejado por el gobierno. Quizá podrían encontrar alternativas menos costosas; invertir los impuestos deducidos de sus ingresos para mejorar su situación financiera en general; ayudar a pagar comida y otras necesidades durante contratiempos económicos; y contratar a más empleados, quienes, a su vez, pueden pagar un seguro médico privado; o reinvertir los dólares para expandir el negocio. La mayoría de los individuos son los que mejor saben cómo usar su propio dinero, que ellos se ganaron de su propio trabajo. Y la mayoría de los individuos no son autodestructivos.

Como bien dijo Edmund Burke: "¿De qué sirve discutir el derecho abstracto del hombre a la comida o a la medicina? La pregunta es sobre el método de procurar y administrarlos. En esa deliberación, siempre aconsejo pedir la ayuda de un granjero y un médico, en vez de la de un profesor de Metafísica".[47]

Pero el propósito del Estatista es hacer que la mayor cantidad de individuos posible dependa del gobierno. La mayoría de los estadounidenses están, de hecho, satisfechos con lo que pagan por su propio cuidado de salud, la calidad del cuidado de salud que reciben y el seguro médico.[48] Sin embargo, el Estatista continúa empujando por el control gubernamental de todo el sistema de salud. No está satisfecho con limitar la libertad hoy. Quiere llegar a la posteridad y limitar la libertad de mañana.

El secretario de Salud y Servicios Humanos del presidente Barack Obama, Tom Daschle, ha diagramado el prototipo para nacionalizar el sistema de salud estadounidense en su libro *Critical: What We Can Do About the Health Care Crisis*.[49] Él propone establecer un Consejo Federal de Salud (Federal Health Board), que daría recomendaciones sobre el cuidado de la salud, vinculantes para todos los programas de salud federal. Sin embargo, como señala el columnista Tony Blankley, Daschle escribe que "el Congreso podría optar por dar un paso más con las recomendaciones del consejo. Podría, por ejemplo, conectar la exclusión de impuestos para el seguro médico a seguros que cumplan con las recomendaciones del Consejo".[50] Eso realmente destruiría el cuidado de salud privado. Daschle propone que el consejo sea independiente de las "presiones políticas" —es decir, del aporte público. Daschle también menosprecia los avances tecnológicos como "una carrera de armas tecnológicas" en vez de alabar sus beneficios para los pacientes. Y Daschle lamenta que los médicos usen su juicio para brindar tratamiento.[51] Se acabaron las molestas regulaciones de seguros, las derivaciones médicas y los co-pagos. El politburó médico de Daschle realmente es una pesadilla circa 1957 de Alemania del Este: algunos políticos designados bien colocados y su personal burocrático de apoyo racionan los recursos de cuidado de salud y deciden quién recibe y no recibe tratamiento, y, al final, quién vive o muere.

Para el Estatista, esta es la autoridad primordial sobre el individuo que por tanto tiempo ha deseado. Una vez que el individuo está atrapado, el Estatista controla su destino. El individuo será seducido por la noción de que está recibiendo un beneficio del estado cuando en realidad el gobierno está simplemente racionando los beneficios. El individuo se encuentra atado al estado, literal y totalmente dependiente de este para su salud y para sobrevivir. El gobierno no solo tendrá posesión en intereses de la propiedad privada, sino que también en el individuo físico. En vez de que el individuo tome decisiones en cuanto a los costos, el beneficio y la calidad de su condición, el Estatista lo hará por él. Y el Estatista lo hará muy mal, como hace la mayoría de las cosas.

8

Sobre el estatismo ambiental

La ciencia, ampliamente definida, es una puerta al conocimiento. A pesar de que el Estatista disfruta acusando al Conservador de cerrar la puerta de un portazo, en realidad es el Estatista quien abandona la ciencia —así como abandona las leyes de la naturaleza, la razón, la experiencia, la economía, la modernidad— cuando promueve lo que puede mejor ser caracterizado como estatismo ambiental. Lo que busca, después de todo, es poder, no verdad. Asistido por medios de comunicación dóciles o a su favor, el Estatista usa ciencia chatarra, tergiversaciones y miedo para promover temores relacionados a la salud pública y al medio ambiente, porque se da cuenta de que en una emergencia de salud verdadera y generalizada, el público pretende que el gobierno actúe de manera agresiva para abordar la crisis, más allá de las limitaciones tradicionales de la autoridad gubernamental. Cuanto más grave es la amenaza, mayor es la libertad a la que la gente tiende a renunciar voluntariamente. Este panorama está hecho a medida para el Estatista. La autoridad del gobierno se convierte en parte del marco de referencia social, para luego construir todavía más sobre él en la próxima "crisis".

La patología del temor estatista sobre la salud funciona así: sucede un evento —se descubren casos de contaminación de alimentos, o surgen instancias de una nueva enfermedad. O, como ocurre cada vez con más frecuencia, ciertas agencias gubernamentales como la Administración de Alimentos y Drogas (FDA, por sus siglas en inglés), los Centros para el Control y la Prevención de Enfermedades (CDC, por sus siglas en inglés) o la Agencia de Protección del Medio Ambiente (EPA, por sus siglas en inglés) u organizaciones sin fines de lucro tales como el Centro para la Ciencia en el Interés Público o el Sierra Club publican un nuevo estudio que identifica un nuevo "temeroso" riesgo para la salud. Se hacen urgentes predicciones por "expertos" elegidos a dedo que los medios aceptan sin escepticismo o investigación independiente y que convierten en una cacofonía de miedo. Acto seguido, algunos funcionarios públicos claman para demostrar que están tomando los pasos necesarios para reducir los peligros. Se promulgan nuevas leyes y regulaciones que se dice limitarán la exposición del público al nuevo "riesgo".

Los ejemplos de esta patología son numerosos e incluyen "temores" tales como el alar, los edulcorantes, la gripe aviaria, la gripe porcina, la dioxina, el *E. coli*, la listeria, el virus Ebola, el formaldehído, el MTBE (éter metil tert-butílico), la EEB (encefalopatía espongiforme bovina), la salmonella adherida a tomates/chiles jalapeños y los CFC (clorofluorocarburos). Todos ellos fueron amplificados a enormes pánicos, muy por encima del alcance real de una amenaza a la salud.

El economista George Reisman relata cómo los avances en la ciencia permiten detectar niveles minúsculos de contaminantes en sustancias, de los cuales se abusa en demasiadas ocasiones para destruir productos. "La presencia de partes por miles de millones de una sustancia tóxica es rutinariamente extrapolada a percibirse como causante de muertes humanas. Y cuando el número de muertes proyectadas supera una en un millón (o menos), los ambientalistas exigen que el gobierno retire el pesticida o conservante ofensor o aquello de lo que se dice es portador de polución tóxica del mercado. Lo hacen a pesar de que un nivel de riesgo de uno en un millón es un tercio tan grande como que un avión caiga del cielo sobre nuestra casa"[1].

De hecho, el movimiento ambientalista moderno fue fundado sobre uno de los fraudes gregarios en la historia de la humanidad: que el dicloro difenil tricloroetano, o DDT, es un veneno mortal cuando, en realidad, es un químico maravilloso que salva vidas —un compuesto químico desarrollado en 1939 para uso como insecticida. El DDT cumplió una función crítica en la protección de soldados estadounidenses ante la epidemia de tifus y malaria durante la Segunda Guerra Mundial.[2] En 1948, Paul Hermann Müller recibió el Premio Nobel "por su descubrimiento de la gran eficiencia del DDT como veneno de contacto contra varios artrópodos"[3].

La utilidad del DDT para combatir la malaria y otras enfermedades transmitidas por insectos no tenía precedentes. El profesor J. Gordon Edwards de la Universidad Estatal de San José, un antiguo opositor de la prohibición del DDT, escribió en 2004: "Han muerto cientos de millones por malaria, fiebre amarilla, tifus, dengue, plaga, encefalitis, leishmaniasis, filariasis y muchas otras enfermedades. En el siglo XIV la peste bubónica (transmitida por pulgas) mató a un cuarto de la población de Europa y a dos tercios de aquellos en las Islas Británicas. La fiebre amarilla mató a millones antes de descubrir que era transmitida por mosquitos *Aedes*... Más de cien epidemias de tifus devastaron civilizaciones en Europa y Asia, con tasas de mortalidad de hasta 70%. Pero por lejos, la mayor asesina ha sido la malaria, transmitida por mosquitos *Anopheles*. En 1945 la meta de erradicar esta plaga pareció alcanzable gracias al DDT. Para 1959, Estados Unidos, Europa, partes de la Unión Soviética, Chile y varias islas del Caribe estaban prácticamente libres de malaria"[4].

El periodista y escritor de *bestsellers* Malcolm Gladwell relató sobre las exitosas campañas de erradicación llevadas a cabo en Italia, Taiwán, el Caribe, los Balcanes, partes del norte de África, el Pacífico Sur, Australia e India: "En India, donde la malaria infectó a alrededor de 75 millones y mató a 800.000 cada año, las muertes habían bajado a cero para principios de los sesenta. Entre 1945 y 1965, el DDT salvó millones —incluso decenas de millones— de vidas alrededor del mundo, probablemente más que cualquier otra droga o químico creado por el hombre hasta ese entonces"[5].

Unos años atrás, la escritora de la página editorial del *New York Times*, Tina Rosenberg, explicó que "hoy, los occidentales sin memoria de la malaria con frecuencia asumen que siempre ha sido tan solo una enfermedad tropical. Pero la malaria se encontró en su momento tan al norte como Boston y Montreal. Oliver Cromwell murió de malaria y Shakespeare la menciona [como 'aguda'] en ocho obras. La malaria ya no aflige a Estados Unidos, Canadá o Europa del Norte en parte por cambios en hábitos de vida —la movilización a las ciudades, las mejoras sanitarias, los mosquiteros. Pero otra razón fue el DDT, esparcido desde aviones sobre ciudades y pueblos estadounidenses mientras los niños jugaban afuera"[6].

El DDT es tan efectivo que en 1970, la Academia Nacional de las Ciencias anunció que "con tan solo unos pocos químicos tiene la humanidad una deuda tan grande como la tiene con el DDT. En poco más de dos décadas el DDT ha prevenido 500 millones de muertes humanas por malaria que, de otra manera, hubieran sido inevitables"[7].

Pero en 1962, Rachel Carson, una opositora de los pesticidas, triunfó en desparramar una histeria generalizada sobre los efectos del DDT sobre la vida salvaje y especialmente sobre los niños. En su libro *Silent Spring*, Carson condenó el amplio uso del DDT.[8] Como escribió el corresponsal científico de *Reason* Ron Bailey, "Carson fue… una eficaz promotora de la idea de que los niños eran especialmente vulnerables a los efectos cancerígenos de los químicos sintéticos. 'La situación con respecto a los niños es incluso más profundamente alarmante', escribió. 'Hace un cuarto de siglo, el cáncer entre los niños era considerado una rareza. Hoy, mueren más niños estadounidenses en edad escolar de cáncer que de ninguna otra enfermedad'. Para apoyar este argumento, Carson informó que 'doce por ciento de todas las muertes en niños de entre uno y catorce años de edad son causadas por cáncer'. Aunque suena alarmante, la estadística de Carson básicamente no tiene sentido a menos que se le dé un contexto, lo cual no hizo. Resulta ser que el porcentaje de niños que mueren de cáncer estaba en ascenso porque otras causas de muerte, como las enfermedades infecciosas, estaban en drástico descenso"[9].

Es ironía enfermiza que la concentración de Carson en los niños haya ayudado a eliminar el uso de DDT cuando la malaria es la causante de la muerte de millones de niños en países subdesarrollados. De hecho, Carson no mencionó en ninguna parte de *Silent Spring* que el DDT había salvado decenas de millones de vidas, un hecho ampliamente conocido en 1962 pero de aparentemente poca importancia para ella o su creciente legión de adeptos.[10]

Los medios deglutieron el alarmismo de Carson. El presidente John Kennedy formó un comité de asesoría para investigar sus alegatos. El Congreso mantuvo audiencias. El Fondo de Defensa Ambiental y el Sierra Club crearon un litigio para presionar al gobierno para que prohibiera el DDT. A pesar de que el DDT nunca ha sido ligado directamente a ni una muerte humana (Gladwell relata incidentes de sujetos de prueba que, literalmente, se untaban con DDT)[11], la EPA (Agencia de Protección del Medio Ambiente) que había sido establecida en 1970, prohibió el DDT en 1972.[12] Su uso a nivel mundial pronto cayó estrepitosamente porque Estados Unidos y la Organización Mundial de la Salud de las Naciones Unidas ya no proveerían ayuda financiera para el uso del producto químico salvador.[13]

Pero incluso la manera en que la EPA prohibió el DDT fue un abuso tanto del proceso científico como del legal. Un juez legal administrativo de la EPA mantuvo varios meses de audiencias sobre los riesgos ambientales y de salud del DDT. Al final, el Juez Edmund Sweeney encontró que "el DDT no es un peligro cancerígeno para el hombre... el DDT no es un peligro mutagénico o teratogénico para el hombre... El uso de DDT bajo las regulaciones correspondientes aquí no tiene un efecto perjudicial sobre peces de agua dulce, organismos de estuarios, aves salvajes u otra vida salvaje"[14].

Sin embargo, el fallo de Sweeney fue rechazado por el administrador de la EPA William Doyle Ruckelshaus quien, en 1972, lo prohibió de todas maneras. Ruckelshaus no acudió a ninguna de las audiencias y algunos asistentes informaron que no había leído la transcripción de la audiencia antes de revocar los hallazgos de Sweeney.[15] En esa época, Ruckelshaus pertenecía a la Sociedad Audubon y más tarde se unió al Fondo de Defensa Ambiental el cual, junto con el Sierra Club, era una organización incipiente que trajo juicios que presionaban por la prohibición del DDT.[16]

Solo recientemente ha comenzado la comunidad mundial a reconsiderar los beneficios del DDT. En 2006, la Organización Mundial de la Salud anunció que revertiría años de política y que apoyaría el uso del DDT como una forma de controlar los brotes de malaria.[17] Más vale tarde que nunca, pero el costo humano de la prohibición ha sido enorme. En 2002, el Consejo Americano sobre Ciencia y Salud informó que de 300 millones a 500 millones de personas por año sufren de malaria, 90% ocurre en África. Es la asesina número uno de niños allí.[18] Al final, la prohibición ha resultado en millones de muertes.[19]

La EPA y su grupo de maestros ambientalistas conspiraron en una distorsión deliberada y sistemática de la ciencia, llevando a un número de muertes humanas cuasi genocida a través del mundo subdesarrollado. Hoy, el Fondo de Defensa Ambiental y el Sierra Club, y tantos otros grupos similares, recaudan decenas de millones de dólares por año para promover sus causas ante el Congreso, la burocracia y las cortes, sirven como apoyo frecuente de los medios para comentarios expertos y no muestran ningún tipo de arrepentimiento por las consecuencias de su éxito con la prohibición del DDT. Ruckelshaus ascendió en la rama ejecutiva y ha sido proclamado por su servicio público. Actualmente sirve en juntas directivas de numerosas corporaciones y apoyó a Barack Obama como presidente. Luego de su muerte en 1964, Carson recibió numerosos honores y premios. El hogar en el que se crió es parte del Registro Nacional de Lugares Históricos y la casa en la que vivió cuando escribió *Silent Spring* fue declarada Lugar Histórico Nacional. No hay lugares señalados ni monumentos para quienes sufrieron y perecieron por la prohibición del DDT. En nombre de la protección de la vida salvaje y los niños, se sacrificaron sin necesidad millones de vidas humanas.

En su sitio web, el grupo Earth First! declara que "no acepta una visión del mundo humano centrista de 'naturaleza en pos de la gente' ". Insiste con que "la vida existe por ella misma, que la civilización industrial y su filosofía son anti Tierra, anti mujer y anti libertad ...Para ponerlo de manera simple, la Tierra debe ir primero".[20]

¿No es entonces prescindible el hombre? Y si lo es, ¿no son acaso la supresión de su libertad, la confiscación de su propiedad y el debilitamiento de su progreso en todo momento justificados cuando el propósito es salvar el planeta —o cualquier parte de él— de el hombre mismo? Después de todo, parecería ser que no puede haber fin a las ofensas del hombre contra la naturaleza si no se lo controla a cada paso.

El ecologista del Servicio Nacional de Parques David M. Graber, escribiendo en el *Los Angeles Times* en 1989, articuló correctamente la perversidad de este punto de vista:

*Contaminamos el planeta con hidrocarburos atmosféricos y me-
tales comenzando en la Revolución Industrial. La Edad Ató-
mica escribió otra firma indeleble con radioisótopos en cada
pedazo de la superficie de la Tierra. El DDT y sus allegados
aparecen hasta en el hielo antártico... Yo, por lo pronto, no
puedo desear ni para mis hijos ni para el resto de la biota de la
Tierra un planeta dominado, un planeta manejado por humanos, sea monstruoso o —aunque improbable— benigno... No
[estoy] interesado en la utilidad de una especie en particular, o
de los ríos que fluyen libres o de los ecosistemas, para la humanidad. Tienen valor intrínseco, más valor —para mí— que otro
cuerpo humano, o miles de millones de ellos.*

*La felicidad humana, y ciertamente la fecundidad humana,
no son tan importantes como un planeta salvaje y sano. Co-
nozco científicos sociales que me recuerdan que las personas son
parte de la naturaleza, pero no es verdad. En algún momento
—hace unos miles de millones de años, quizá la mitad de ese
tiempo— abandonamos el contrato y nos convertimos en un
cáncer. Nos hemos convertido en una plaga para nosotros y
para la Tierra.*

*Es cósmicamente poco probable que el mundo desarrollado
elija acabar con su orgía de consumo de energía fósil, y el Tercer
Mundo su consumo suicida del paisaje. Hasta aquel momento
en que el Homo sapiens decida unirse nuevamente a la naturaleza, algunos de nosotros al menos podemos anhelar que nos
llegue el virus adecuado.*[21]

Si la naturaleza tiene "valor intrínseco", entonces la naturaleza existe por su propio bien. En consecuencia, el hombre no ha

de tener preferencia sobre ningún aspecto de su entorno natural. No es mejor que ningún otro organismo y mucho peor que la mayoría por su existencia destructiva. Y es así que el Estatista Ambiental abandona la razón por la fe que predica la regresión del ser humano y el nulo valor del individuo. Y lo hace proclamando una altura moral —salvando al hombre de sí mismo y a la naturaleza del hombre. La mayoría de los hombres que son partidarios de causas ambientales son marcas inconscientes que responden a la manipulación de la ciencia, a la imaginería y al lenguaje del Estatista Ambiental. Con el tiempo, rinden a voluntad su libertad por autoridad, abundancia por escasez y optimismo por pesimismo. "¡Salvar el planeta!" es el grito de unión que justifica prácticamente cualquier intrusión del gobierno en la vida del individuo. El individuo, después de todo, es prescindible.

¿Quién hubiera pensado que tirar la cadena del inodoro se convertiría en una controversia? No solo es una conveniencia diaria, lo cual sería suficiente, pero es crítico para la salud humana. No importa. En 1992 el Congreso promulgó la Ley de Políticas y Conservación de la Energía, declarando ilegal el tanque de inodoro de 3,5 galones y reemplazándolo por el de 1,6 galones. El propósito fue reducir el uso de agua. Hasta el día de la fecha, el cambio exigido requiere que los usuarios tiren la cadena más seguido, lo cual difícilmente ahorra agua. Un gobierno que es lo suficientemente poderoso como para dictar el flujo de agua en un inodoro es un gobierno realmente poderoso. Algunos Estatistas Ambientales incluso abogan por inodoros secos, que son básicamente fosas, en especial para el mundo subdesarrollado. Alegan que los inodoros con cadena serían un "desastre ambiental" si China y el Tercer Mundo los usaran más.[22] Claramente, los pobres del mundo están entre las poblaciones más victimizadas por el Estatista Ambiental.

Hoy, prácticamente 1,6 miles de millones de personas usan velas y lámparas a kerosene para iluminar sus casas, llenándolas de humo y hollín y creando un riesgo de incendio. En India, donde 600 millones de personas viven sin electricidad, Greenpeace llevó a cabo una campaña en contra de la bombilla de luz incandescente porque emite dióxido de carbono (olvidando aparentemente la polución generada al quemar kerosene para dar luz). La bombilla, decían, es "un producto peligroso para todos", y le dieron el apodo a Philips Electronics, el mayor productor de bombillas en India, de "criminal climático"[23].

En gran parte del mundo donde reinan los Estatistas, las noches permanecen oscuras. En 2002, el Secretario de Defensa Donald Rumsfeld comentó que "si vemos una foto aérea de la Península Koreana por la noche, Korea del Sur está llena de luces y energía y vitalidad y se está convirtiendo en una economía en auge. Korea del Norte está a oscuras"[24]. Hasta en Estados Unidos el Congreso prohibió las bombillas incandescentes, para 2014, reemplazándolas con las más costosas bombillas fluorescentes compactas —que contienen el altamente tóxico *mercurio*.

Aquellos sin electricidad en India y partes de Asia también sufren de un calor sofocante, frecuentemente por encima de los 100°F. En 2007, el *New York Times* aparentó preocupación porque "los científicos atmosféricos del mundo están preocupados ya que el boom de los aire acondicionados a través de Asia podría llevar a problemas más serios" con la capa de ozono.[25] La máquina de lavar, que liberó a las mujeres más que nada de la ardua tarea de lavar ropa a mano, es atacada por su consumo de energía y agua y el uso de detergentes para la ropa.[26] Las máquinas de cortar pasto, las motosierras, las sopladoras de hojas y las parrillas son todas blancos del medio ambiente.[27]

Pero la tecnología más menospreciada por el Estatista Ambiental es el automóvil porque le proporciona al individuo un medio tangible para ejercer su independencia por medio de la movilidad. Comenzando por el embargo árabe de petróleo en 1973, en el que la Organización de Países Árabes Exportadores de Petróleo suspendió la exportación de petróleo a Estados Unidos por apoyar a Israel en la guerra del Yom Kippur, el automóvil ha sido incansablemente demonizado como el enemigo del medio ambiente.

Entre las respuestas del gobierno al embargo estuvo la imposición de los estándares para automóviles del Corporate Average Fuel Economy, o CAFE, en 1975. Sus partidarios argumentaban que con automóviles más eficientes se reduciría el uso de gasolina, reduciendo así también la dependencia del petróleo extranjero y la polución. Pero esta posición fue siempre un sinsentido. Los automóviles más eficientes reducen el costo por milla del manejo, permitiendo que los consumidores paguen menos de lo que pagarían de otro modo por manejar más. De hecho, los estándares del CAFE no han reducido la importación de petróleo a Estados Unidos. En 1970, Estados Unidos importó aproximadamente 20% de su petróleo, comparado con más del 60% hoy.[28] Y dado que una mejor economía de combustible produce más emisiones como resultado del mayor manejo, los estándares del CAFE no tendrían un impacto significativo en la emisión de gases de efecto invernadero. Charli E. Coon de la Fundación Heritage, ha notado que "los automóviles y los camiones livianos sujetos a los estándares de la economía de gasolina conforman solamente el 1,5% de todas las emisiones de gas de efecto invernadero creadas por el hombre…"[29].

A pesar de que los estándares del CAFE no han tenido éxito en reducir el consumo de gasolina o en mejorar considerablemente el medio ambiente, han matado con éxito a decenas de miles de seres humanos. La razón: la ley de la física.

Para cumplir con los estándares de rendimiento de combustible por galón estipulados por el Congreso, la industria automotriz ha sido forzada a reducir el tamaño y el peso (la masa) de los vehículos. En consecuencia, los automóviles y camiones livianos contienen más plástico y aluminio que nunca. Sus ocupantes humanos son más vulnerables a las lesiones y a la muerte producto de la mayoría de los accidentes. Las pruebas los demuestran.

En 1989, analistas en el Instituto Brookings y la Universidad de Harvard estimaron que se pierden entre 2.000 y 3.900 vidas y ocurren 20.000 heridas de gravedad todos los años como resultado de los automóviles más pequeños y livianos.[30] El Instituto de Empresas Competitivas (Competitive Enterprise Institute) examinó datos de muertes en accidentes de tráfico de 1997 y concluyó que los estándares del CAFE causaron entre 2.600 y 4.500 muertes en 1997.[31] En 1999, *USA Today* analizó la conexión estadística entre los estándares del CAFE y las muertes en accidentes de tráfico e informó que "46.000 personas habían muerto en accidentes a los que hubieran sobrevivido en autos más grandes y pesados… desde 1975"[32]. En 2001, un panel de la Academia Nacional de Ciencias informó que la reducción en peso y tamaño de vehículos livianos en los años setenta y principios de los ochenta, en parte por los estándares del CAFE, "probablemente resultó en de 1.300 a 2.600 más fatalidades en accidentes de tráfico en 1993"[33].

Mueren y son mutilados más estadounidenses cada año por los estándares del CAFE, que los soldados estadounidenses que han muerto en el campo de batalla en Iraq cada año. Sin embargo, ¿cuál es la respuesta del Estatista Ambiental a esta carnicería? En 2007, el Congreso exigió que cada automóvil de pasajeros de los fabricantes promediara 35 millas por galón para 2020, un incremento de un 40% por encima de los estándares para autos y camiones. El plan del Estatista Ambiental está tan arraigado en la sociedad que el efecto de esta política sobre la vida humana no tuvo ninguna importancia para el Congreso.

Para el Conservador, los avances científicos y tecnológicos, en especial desde la Revolución Industrial, han beneficiado inmensamente a la humanidad. El agua corriente y los sistemas de tubería permiten que el agua fresca llegue al hogar y que se retire el agua sucia por un sistema de acueductos, pozos, represas y sistemas de alcantarillado; irrigar y fertilizar la tierra crea fuentes de alimentos más estables y abundantes; utilizar recursos naturales como el carbón, el petróleo y el gas posibilita llevar energía a los hogares, los hospitales, las escuelas y las empresas y el combustible para automóviles, camiones y aviones; redes de caminos pavimentados promueven la movilidad, el comercio y la asimilación; y la invención de dispositivos médicos y el descubrimiento de sustancias químicas extienden y mejoran la calidad de vida.

El Conservador cree que en el contexto de la sociedad civil, el progreso y la modernidad son esenciales para el bienestar y la realización del hombre, más allá de sus inevitables imperfecciones. Rechaza la cruzada pagana y anti-humana del Estatista Ambiental, que lleva a la insensibilidad, a la conformidad y a la miseria. El Conservador también entiende que cuando la libertad y la independencia del individuo están sujetas a una tiranía que posa como rectitud, su derecho a adquirir y retener propiedad privada dejará de existir.

John Adams advirtió que "en el momento en el que se admita en la sociedad la idea de que la propiedad no es tan sagrada como las leyes de Dios, y no haya una fuerza legal y justicia pública para protegerla, comienzan la anarquía y la tiranía"[34].

Hoy en día los propietarios de casas, los granjeros y las empresas están sujetos a una multitud de restricciones y prohibiciones del gobierno que reducen el uso y el valor de sus propiedades, incluyendo leyes relacionadas con pantanos y especies en peligro de extinción. Entre las estrategias de más alcance del Estatista Ambiental está el "crecimiento inteligente" —donde urbanistas desarrollan iniciativas de zonificaciones exhaustivas cuya intención es recuperar el equilibrio entre el hombre y el ecosistema y restringir severamente los derechos de propiedad privada. Y se concentran típicamente en la "expansión urbana descontrolada". El propósito del urbanista es forzar a las poblaciones dentro de áreas cada vez más limitadas y densas; quitar los automóviles de las carreteras e incrementar el uso del transporte público o de sendas para bicicletas y peatones; acercar más el hogar y la oficina; y establecer una existencia comunal. Esto requiere limitar de manera severa formas alternativas de desarrollo y crecimiento fuera de ciertas áreas prescriptas.

Pero, ¿cuán problemática es la expansión urbana descontrolada o, para el caso, el desarrollo en general? En 2002, el Dr. Ronald D. Utt de la Fundación Heritage examinó los sondeos del gobierno federal sobre el uso de la tierra y concluyó que, "Luego de unos 400 años de desarrollo sin control y crecimiento desenfrenado de la población, se ha consumido entre 3,4% y 5,2% de la tierra en Estados Unidos continental…"[35].

Pero ¿qué hay de los estados altamente urbanizados, que incluyen a varias de las colonias originales? Utt los revisó también. "Tanto en Nueva York como en Virginia, que fueron poblados a principios del siglo XVII, casi 90% de la tierra no ha sido explotada aún, mientras que en Pensilvania, es el 85% y en Maryland es más del 80%. En comparación, tanto en Nueva Jersey como en Rhode Island las zonas desarrolladas cubren alrededor de un tercio de la tierra disponible —de los más altos de la nación pero aún dejando a ambos estados con unos dos tercios de tierra sin explotar o con uso en agricultura"[36].

Pero el Estatista Ambiental apenas ha comenzado. Su atentado más nocivo sobre la humanidad y la sociedad civil es presentado como un "calentamiento global" ocasionado por el hombre. Es increíble que, no hace mucho, el "enfriamiento global" fuera el tema de tapa, con advertencias sobre una destrucción catastrófica ocasionada por inundaciones, hambruna y agitación social.

En 1971, el Dr. S. I. Rasool, un científico de la NASA, insistía en que "en los próximos cincuenta años, el fino polvo que el hombre pone constantemente en la atmósfera por la quema de combustible fósil podría bloquear tanta luz solar que las temperaturas promedio caerían seis grados". Rasool arguyó incluso que "si esto se mantenía varios años —de cinco a diez— esta disminución de la temperatura sería suficiente para desencadenar una era de hielo". Por cierto, al arribar a su conclusión, Rasool usó, en parte, un modelo de computadora creado por su colega de la NASA, y actual místico del calentamiento global, el Dr. James Hansen.[37]

La alarma del enfriamiento global sonó a través de la década de los setenta. En 1974, la revista *Time* publicó un artículo titulado "¿Otra Era de Hielo?", que citaba evidencia pretendiendo demostrar el enfriamiento de la atmósfera durante los pasados treinta años. "Signos reveladores [de enfriamiento global] abundan —desde los inesperados persistencia y grosor de las capas de hielo en las aguas alrededor de Islandia hasta la migración hacia el sur de criaturas amantes de climas cálidos como el armadillo desde el Medio Oeste de Estados Unidos". El artículo ofrecía opiniones de expertos en clima quienes sugerían que la humanidad podría ser responsable del enfriamiento de la tierra. Reid A. Bryson de la Universidad de Wisconsin teorizó que el polvo y "otras partículas liberadas a la atmósfera como resultado de la agricultura y de la quema de combustible podría estar bloqueando más y más luz solar"[38].

En 1975, científicos nuevamente elevaron el espectro de enfriamiento global. Un famoso artículo que apareció en la revista *Newsweek*, titulado "El mundo enfriando", concluyó, "El hecho central es que luego de tres cuartos de siglo de condiciones extraordinariamente templadas, el clima en la tierra parece estar enfriándose". Y continuaba, "[Los meteorólogos] coinciden de manera casi unánime con el punto de vista que sostiene que la tendencia [de enfriamiento global] reducirá la productividad de la agricultura por el resto del siglo". El artículo citaba un sondeo completado en 1974 por la Administración Oceánica y Atmosférica Nacional (NOAA, por sus siglas en inglés) que revelaba una caída de medio grado en las temperaturas de tierra promedio en el Hemisferio Norte entre 1945 y 1968. Científicos de la NOAA también concluyeron que "la cantidad de luz solar que llega al suelo en Estados Unidos continental disminuyó un 1,3% entre 1964 y 1972".[39]

Por supuesto que no había una nueva Era de Hielo. La opinión "casi unánime" de los expertos sobre el enfriamiento global oca-

SOBRE EL ESTATISMO AMBIENTAL

sionado por el hombre era incorrecta. Entonces el Estatista Ambiental hizo un giro en la dirección opuesta, insistiendo que es "casi unánime" la opinión de científicos y otros expertos de que, en vez de enfriarse, la tierra se está calentando y, una vez más, el hombre es el culpable.

En 2008, la misma *Newsweek* que le dio peso a la falsa ciencia de enfriamiento global publicó un artículo titulado "El calentamiento global es una causa del clima extremo de este año". Escribió de forma burlona, "Es casi un punto de orgullo entre los climatólogos. Cuando algún lugar se ve afectado por una ola de calor, por seca, por una tormenta mortal o algún otro clima extremo, los científicos se tropiezan entre sí para absolver al calentamiento global. No hay un evento climático en particular, según el mantra, que pueda adjudicársele a algo tan general. El clima extremo ocurre desde antes de que los humanos comenzaran a llenar la atmósfera de gases de efecto invernadero que atrapan el calor tales como el dióxido de carbono. Así que, esta tormenta, o aquella ola de calor podría ser el resultado de las mismas fuerzas naturales que prevalecían hace cien años —movimientos al azar de masas de aire, confluencias desafortunadas de sistemas de presión alta y baja— y no del calentamiento global. Esa pretensión ya se ha desgastado"[40].

No hay consenso sobre el hecho de que el hombre ha tenido influencia sobre la temperatura de la tierra o sobre el hecho de que la temperatura de la tierra es mayor ahora de lo que fue en periodos anteriores. Y mismo si hubiera un consenso, la ciencia no se trata de un gobierno de la mayoría. Es, o no es.

El Profesor Richard Lindzen del Instituto de Tecnología de Massachusetts clasificó el "consenso científico" con respecto al calentamiento global como "falto de rigor científico". Dijo, "Con respecto a la ciencia, lo que se asume tras un consenso es que la ciencia es una fuente de autoridad. Más bien, es un enfoque particularmente efectivo hacia la investigación y el análisis. El escepticismo es esencial en la ciencia; el consenso es foráneo. Cuando en 1988 *Newsweek* anunció que todos los científicos estaban de acuerdo sobre el calentamiento global, esto tendría que haber sido una alerta. Entre otras cosas, el calentamiento global es un tema tan multifacético que el acuerdo en todos o muchos de sus aspectos sería poco razonable"[41].

Pero el atractivo político del estatismo ambiental es fuerte. El Senador John McCain ha insistido, "El debate [sobre el calentamiento global ocasionado por el hombre] ha terminado, mis amigos. Ahora la pregunta es: ¿qué hacemos? ¿Actuamos, nos importan lo suficiente los jóvenes de la próxima generación como para actuar de manera seria y significativa, o simplemente vamos a continuar con este debate y esta discusión?"[42]. Dennis Hastert, ex Presidente republicano de la Cámara de Representantes dijo: "Creo que el debate sobre calentamiento global ha terminado"[43]. El predecesor republicano de Hastert, Newt Gingrich, estuvo de acuerdo. "Mi mensaje, creo, es que hay suficiente evidencia como para movernos en dirección de los pasos más efectivos que sean posibles para reducir la recarga de carbón en la atmósfera"[44]. Gingrich incluso dijo que debe haber un "conservatismo verde"[45].

¿Se ha terminado el debate? ¿Es suficiente la evidencia? Y esto de líderes republicanos. Pero nadie ha sido más demagógico y alarmista, y honrado por ello por la comunidad internacional y por Hollywood, que el ex vicepresidente Al Gore. Parecería ser que para Gore y su rebaño, la separación de iglesia y estado termina al borde de la ecología. Hablando en una convención bautista, Gore, citando Lucas 12:54–57 como apoyo en las escrituras, alegó que no es honesto para nadie proclamar que el calentamiento global es meramente una teoría en vez de un hecho científico. "La evidencia está ahí …La señal está sobre la montaña. La trompeta ha sonado. Los científicos claman desde los techos. El hielo se está derritiendo. La tierra está reseca. Los mares están ascendiendo. Las tormentas son cada vez más fuertes. ¿Por qué no juzgamos lo que es correcto?"[46]. Y siendo el profeta que es, Gore insiste en que los medios dejen de informar sobre puntos de vista que difieren del suyo. "Parte del desafío que han tenido los medios de noticias cubriendo esta historia es la vieja costumbre de tomar el enfoque de, por un lado y por el otro. Todavía hay gente que cree que la Tierra es plana, pero cuando se informa acerca de una historia como la que se cubre hoy, donde hay gente en todo el mundo, no se toma —no se busca alguien que todavía cree que la Tierra es plana para darle el mismo tiempo"[47]. Los medios están más que dispuestos a acomodarse al mandamiento de Gore. Consideremos a Scott Pelle, corresponsal del programa informativo de CBS, 60 *Minutes*. Cuando se le preguntó por qué su trabajo sobre calentamiento global no reconocía los puntos de vista de los escépticos respondió, "Si hago una entrevista con Elie Wiesel, ¿se me requiere como periodista encontrar a un negador del Holocausto? No se trata de política o seudo-ciencia o blogs de teoría conspirativa. Se trata de ciencia"[48].

¿En serio? Timothy Wirth, subsecretario de estado para asuntos globales del presidente Bill Clinton, no lo veía del todo así. Dijo, "Debemos marchar con el tema del calentamiento global. Mismo si la teoría del calentamiento global es incorrecta, estaremos haciendo lo correcto en cuanto a política económica y ambiental"[49]. ¿Y qué es lo correcto? Maurice Strong, asesor del ex secretario general de Naciones Unidas, Kofi Annan, nos brinda una respuesta: "Quizá lleguemos al punto en que la única manera de salvar al mundo sea si colapsa la civilización industrial"[50]. Lo que realmente quiere decir, por supuesto, es que el mundo se salvaría si Estados Unidos colapsara.

Las mismas Naciones Unidas (UN) han estado abogando por el caso del calentamiento global ocasionado por el hombre por varios años. En 1988, la UN estableció el Panel Intergubernamental sobre Cambio Climático (IPCC, por sus siglas en inglés) que periódicamente da a conocer informes que predicen el fin del mundo tal cual lo conocemos insistiendo en que sus descubrimientos son definitivos. El Dr. Michael Mann, climatólogo, en ese entonces en la Universidad de Massachusetts, y otros llevaron a cabo un análisis de evidencia estadística, del que concluyeron que es probable que los recientes incrementos en temperatura "hayan sido los más grandes de cualquier siglo en los pasados 1.000 años" y que "la década del noventa fue la más cálida y 1998 el año más caluroso" del milenio.[51] Los resultados de Mann dieron como resultado un gráfico en forma de palo de hockey que pretendía demostrar un dramático pico en temperaturas globales durante los últimos cien años. Este "efecto palo de hockey" se ha usado para describir el calentamiento global. En 2001, el IPCC adoptó los hallazgos de Mann.[52]

Al Dr. Edward Wegman, profesor del Centro de Estadísticas Computacionales de la Universidad George Mason, presidente del Comité de Estadísticas Teóricas Aplicadas de la Academia Nacional de Ciencias y miembro del directorio de la Asociación

Americana de Estadísticas, un comité del Congreso le encargó la tarea de dirigir a un grupo de expertos para examinar la evidencia del palo de hockey. Wegman regresó con el siguiente informe: "La valoración de que la década de los noventa fue la más calurosa en un milenio y que 1998 fue el año más caluroso en un milenio no puede sustentarse. La escasez de datos sobre un pasado remoto hace que la afirmación sobre lo más caluroso en un milenio sea esencialmente imposible de verificar". Mann no tenía suficientes datos como para llevar a cabo un estudio significativo. Wegman agregó: "No hay evidencia de que ni el Dr. Mann ni ninguno de los otros autores de paleoclimatología haya tenido interacción significativa con estadísticos dominantes"[53]. Mann y los otros defensores de un calentamiento global ocasionado por el hombre no sabían cómo llevar a cabo un análisis estadístico correcto, ni tampoco buscaron el aporte de estadísticos legítimos. Notando que tantos permanecen convencidos de las conclusiones de Mann a pesar de la falta de precisión de su gráfico, Wegman dijo: "Estoy pasmado por el argumento de que el método incorrecto no tiene importancia porque la respuesta es igualmente la correcta. Método Incorrecto + Respuesta Correcta = Mala Ciencia"[54].

Entre las "autoridades" más ampliamente citadas sobre el calentamiento global ocasionado por el hombre está un informe de un panel del IPCC producido en 2007. Vaclav Klaus, presidente de la República Checa, economista y reconocido crítico de los partidarios del calentamiento global, ha dicho que "el IPCC no es una institución científica: es un cuerpo político, una especie de organización no gubernamental con sabor verde. No es ni un foro de científicos neutrales, ni un grupo equilibrado de científicos. Estas personas son científicos politizados que llegan allí con una

opinión parcial y una tarea tendenciosa"[55]. Un estudio del Instituto de Ciencias y Políticas Públicas respalda la observación de
Klaus: "El IPCC es una organización con un solo interés, cuyos
estatutos la dirigen a asumir que hay influencia humana sobre el
clima, en vez de considerar si la influencia podría ser insignificante"[56]. Como nota el Instituto Heartland, "La evaluación del
IPCC sobre la ciencia del clima está dominada por una pequeña
camarilla de alarmistas que con frecuencia trabaja unida fuera del
proceso del IPCC"[57].

El IPCC continúa alegando que el planeta se está calentando,
que el calentamiento se debe a un incremento en los niveles del
dióxido de carbono (CO_2) atmosférico y que el incremento en los
niveles de dióxido de carbono se debe a la quema de combustibles
fósiles. A menos que se tomen medidas dramáticas para recortar
los niveles de dióxido de carbono, la humanidad puede esperar
hambruna e inanición, crecimiento de los niveles del mar y erosión de las playas, brotes de enfermedades y pérdida de bosques
tropicales: "El calentamiento del sistema climático es inequívoco,
como es ahora evidente de las observaciones de los incrementos
de promedios globales de temperaturas de aire y océanos, del amplio derretimiento de nieve y hielo y del crecimiento del promedio global del nivel del mar". Once de los últimos doce años
(1996–2006) son de los años más calurosos "en el registro instrumental de temperatura de la superficie global desde 1850". La
temperatura global promedio de superficies ha aumentado, el promedio global de niveles del mar se ha elevado y la cobertura de
nieve del Hemisferio Norte ha caído.[58]

"Las concentraciones atmosféricas globales de CO_2, metano
(CH_4) y óxido de nitrógeno (N_2O) han aumentado marcada-

mente como resultado de actividades humanas desde 1750 y ahora exceden enormemente los valores pre-industriales determinados por los núcleos de hielo abarcando muchos miles de años". El informe concluye con "gran seguridad que el efecto neto de las actividades humanas desde 1750 ha sido de calentamiento". Es más, "la mayoría de los incrementos en temperaturas globales promedio observados desde mediados del siglo XX, se dio muy probablemente dado al observado incremento de concentraciones antropogénicas de GHC [gases de efecto invernadero generados por el hombre]". La actividad solar y la actividad volcánica habrían "probablemente" producido enfriamiento global.[59]

Nuevamente, las metodologías del alarmista han sido duramente criticadas. Por ejemplo, las situaciones de superficies utilizadas a través de Estados Unidos para medir la temperatura están sujetas a distorsión. Muchas lecturas están influenciados por el calentamiento producido por edificios aledaños, plazas de estacionamiento y rejillas de ventilación. La estación de temperatura en Marysville, California, está rodeada de un acceso de asfalto y unidades de aire acondicionado. Sus lecturas han ido subiendo. La estación de temperatura en Orland, California, no ha sido afectada por desarrollo externo. Sus lecturas han ido bajando.[60] Y hay acusaciones de que las mediciones históricas de CO_2 son seleccionadas a dedo para asegurar que los datos reflejen un incremento, como es el caso de ignorar que las mediciones de CO_2 de los años 1857–1957 que pueden mostrar concentraciones de CO_2 atmosférico más altas de las que existen hoy.[61]

Incluso así, ¿afecta el dióxido de carbono los niveles de la temperatura? El Dr. Nir Shariv, un astrofísico de renombre y profesor asociado en la Universidad Hebrew creía que así era, pero ya no:

"Como tantos otros, estaba personalmente seguro de que el CO_2 es el malvado culpable en la historia del calentamiento global. Pero luego de indagar con cuidado en la evidencia, comprendo que las cosas son mucho más complejas que la historia que nos cuentan muchos científicos climáticos o que las historias que repiten los medios". Shariv nota que "la actividad solar puede explicar gran parte del calentamiento global del siglo XX" y que los gases de efecto invernadero le son en gran parte irrelevantes al clima. Si la cantidad de CO_2 se duplicara para 2100, "ello no aumentará dramáticamente la temperatura global". Agregó, "Incluso si cortáramos a la mitad la emisión de CO_2 y el incremento de CO_2 para 2100 fuera de, digamos, un incremento del 50% relativo al día de hoy en vez del doble de cantidad, la reducción esperada del ascenso de la temperatura global sería menos de 0,5°C. Esto no es significativo".[62]

El geólogo Dudley J. Hughes lo pone de otra manera: "La atmósfera de la Tierra está compuesta por varios gases importantes. Para simplificar, imaginemos un estadio de fútbol con unas 10.000 personas en las graderías. Asumamos que cada persona representa un pequeño volumen de un tipo de gas …El Dióxido de Carbono [representa] sólo unas 4 partes en 10.000, el volumen más pequeño de cualquiera de los gases atmosféricos más imporantes"[63]. Las plantas usan dióxido de carbono en la fotosíntesis y exhalan oxígeno. Los humanos, inhalan oxígeno para respirar y exhalan dióxido de carbono. El dióxido de carbono es una parte natural de la atmósfera —como el vapor de agua. No es un veneno y, por lo tanto, no es un contaminante. De hecho, el *vapor de agua* es lejos el gas de efecto invernadero más significativo de la tierra y, sin gases de efecto invernadero la vida no existiría.[64]

Hay tantos expertos que rechazan la noción del calentamiento global ocasionado por el hombre y los argumentos históricos sobre el dióxido de carbono que son demasiados para enumerarlos aquí. Como informa el Centro Nacional para Investigación de Políticas Públicas, en 2008 "el Dr. Arthur Robinson del Instituto de Ciencia y Medicina de Oregon anunció que más de 31.000 científicos habían firmado un petitorio rechazando la teoría del calentamiento global ocasionado por el hombre. Un número significativo de científicos, climatólogos y meteorólogos han expresado dudas sobre el peligro del calentamiento global y sobre si los seres humanos están teniendo un impacto significativo para peor, o no, en el clima"[65]. Es más, numerosos expertos ahora alegan que, una vez más, el mundo se está enfriando.[66]

Phil Chapman, geofísico, ingeniero astronáutico y primer australiano en convertirse en astronauta de la NASA escribe, "Las cuatro agencias que rastrean la temperatura de la Tierra —la Unidad de Investigación Climática Hadley en Gran Bretaña, el Instituto Goddard para Estudios Espaciales en Nueva York, el grupo Christy en la Universidad de Alabama y Remote Sensing Systems Inc. en California— informan que se enfrió unos 0,7°C en 2007. Este es el cambio de temperatura más rápido en el registro instrumental y nos pone de vuelta donde estábamos en 1930. Si la temperatura no se repone pronto, deberemos concluir que el calentamiento global ha terminado"[67].

Pero el Estatista Ambiental no se desalienta. El Dr. James Hansen, director del Instituto Goddard para Estudios Espaciales de la NASA y asesor de Al Gore, y de quien se utilizó la obra temprana para justificar el enfriamiento global pero que ahora es el más influyente sumo sacerdote del movimiento del calentamiento global, le dijo al Congreso en 2008 que "los CEOs de las compañías de energía fósil saben lo que hacen y son conscientes de las consecuencias a largo plazo de continuar con el negocio de la misma manera. En mi opinión, estos CEOs deberían ser juzgados por altos crímenes contra la humanidad y la naturaleza"[68]. Hansen, un maestro en manipular legisladores y los medios, ha sido efectivamente desafiado por ciertos críticos. En 2007, se vio forzado a revisar sus números que mostraban que la década más calurosa del siglo XX no fue la del noventa, sino la del treinta, y corregir un error más reciente que mostraba a octubre de 2008 como el año más caluroso jamás registrado (los resultados de las temperaturas no se basaban en octubre sino en números de septiembre que se habían traspasado).[69]

Pero la estampida continúa. Y la solución es la inocua propuesta del "*cap and trade*" (comercio de derechos de emisión). Para el Conservador, este es el ardid económico más opresivo que haya hecho avanzar el Estatista al día de la fecha. La forma en que funcionaría es que el gobierno federal dictaría niveles de emisión de gases de efecto invernadero, con énfasis en el dióxido de carbono, del uso de combustible fósil. En un período de tiempo relativamente corto, el gobierno ordenaría la reducción constante de los niveles de emisión en general y para ciertas industrias en particular, que serían los legalmente permitidos. Las compañías que emiten menos dióxido de carbono (y otros gases) de lo legalmente permitido podrían vender sus porciones excedentes a otras compañías que emiten más. Y las compañías que emiten más que la cantidad que les corresponde se enfrentarían a duras penas y multas.

¿Cómo se controlaría esto?

El gobierno federal necesitaría crear una gran burocracia del tipo del Servicio de Impuestos Internos (IRS, por sus siglas en inglés) para determinar niveles de asignaciones y permisos de procesos, recopilar datos, monitorear y auditar el cumplimiento, investigar presuntas violaciones y, en última instancia, hacer cumplir los estándares y niveles de emisión mediante penalidades, multas y litigio. Cada compañía que utiliza combustibles fósiles y emite dióxido de carbono muy probablemente estaría afectada. Compañías individuales e industrias enteras estarían a merced de las determinaciones arbitrarias del gobierno federal. Y dado que el rol del gobierno será hacer cumplir sus propias reglas y regulaciones sobre emisiones —dado que no habría ninguna burocracia sirviendo como contrapeso, promoviendo el crecimiento económico y los mercados libres— poco le preocuparían las consecuencias económicas de sus decisiones. De hecho, el rigor de los estándares de emisión jamás permitiría un exceso neto de asignaciones de emisiones que permitiera compensar la cantidad de emisiones sobrepasadas, porque hacerlo arruinaría el propósito del esquema. Para compañías individuales, comprar un exceso de emisiones de carbón sería extremadamente costoso, en parte como resultado de la competencia de precios. Quizá se les exija reducir su producción y salida, quebrar totalmente si sus márgenes de ganancia son muy justos, o mudarse al extranjero para evitar los estándares de emisión. La pérdida de puestos de trabajo, la destrucción de la riqueza, la obstaculización del progreso y el desvío de recursos son de importancia menor en el apuro por implementar el esquema de *cap and trade*.

La Fundación Heritage estima que una de las propuestas más recientes de *cap and trade* resultaría en pérdidas cumulativas del producto bruto interno de por lo menos $1,7 billones y que podrían alcanzar los $4,8 billones para 2030; pérdidas del producto bruto interno anual de por lo menos $155.000 millones que, realísticamente, podrían superar los $500.000 millones; pérdidas anuales de puestos de trabajo que superarían los 500.000 antes de 2030 y que podrían alcanzar el millón; y el hogar promedio pagaría $467 más por año por gas natural y electricidad, u $8.870 adicionales para comprar energía para el hogar para el período que va entre 2012 y 2030[70].

¿Hasta dónde empujaría el Estatista Ambiental su agenda sobre el calentamiento global ocasionado por el hombre y el anti dióxido de carbono? Muy lejos. Oficiales británicos están considerando emitir una "tarjeta de ración de carbón" para cada adulto. La tarjeta se usaría cuando un individuo paga gasolina, energía para el hogar o un pasaje aéreo. Cada año, el gobierno asignaría créditos de CO_2 —con penalidades para aquellos que se excedan del uso de energía asignado.[71] California está considerando ordenar la implementación de "termostatos comunicados programables" o PCTs (por sus siglas en inglés) en todas las casas nuevas y unidades de calefacción/aire acondicionado nuevas. Los dispositivos le permiten a las autoridades graduar los niveles de aire acondicionado o calefacción en tu hogar de forma remota a una temperatura que consideren apropiada.[72] Y la EPA recientemente publicó una "notificación avanzada de una propuesta de legislación" respecto de la emisiones de gases de efecto invernadero de autos y "fuentes estáticas" que algún día podrían incluir la regulación y/o el cobro de impuestos por las emisiones de metano del ganado.[73]

Pero la invasión venidera del hogar y el lugar de trabajo, la restricción de la libertad individual, la independencia y la movilidad, y la deconstrucción del sistema económico de Estados Unidos y el empobrecimiento de la ciudadanía se justifican en nombre de una larga y creciente lista de afirmaciones absurdas que deben enumerarse para creerse.

El Dr. John Brignell, profesor retirado de instrumentación industrial de la Universidad de Southampton en Gran Bretaña, compuso una lista[74] de reclamos alarmistas, tomados de informes de noticias, causados o que serán causados por el calentamiento global ocasionado por el hombre:

acné, incremento de tierra para la agricultura, destrucción de amapolas afganas, devastación de África, ayuda a África amenazada, maleza agresiva, cambios en la presión de aire, cambio de forma de Alaska, incremento de las alergias, derretimiento de los Alpes, Amazonas desértico, fin del sueño americano, anfibios criándose más temprano (o no), reacciones anafilácticas a picaduras de abeja, bosques ancestrales cambiados dramáticamente, animales dirigidos hacia las montañas, hielo de Antártica crece, hielo de Antártica se reduce, vida marina de Antártica en riesgo, tratamiento de ansiedad, floración de algas, sitios arqueológicos amenazados, derretimiento de pantanos árticos, Ártico florece, Ártico sin hielo, desaparecen lagunas del Ártico, se quema la tundra del Ártico, el Atlántico se torna menos salado, el Atlántico se torna más salado, se modifica la circulación atmosférica, ataque de medusas asesinas, reducción de avalanchas, aumento de avalanchas, nieve en Bagdad, Bahrain bajo agua, crecen bananas, escasez de cerveza, plaga de escarabajos, mejor cerveza, se adelanta el gran derretimiento, proyectos de investigación de miles de millones de dólares, miles de millones sin casa, miles de millones enfrentan riesgo, miles de millones de muertes, cambio en la distribución de pájaros, caída en los visitantes de pájaros, pájaros confundidos, pájaros regresan temprano, pájaros empujados hacia el norte, fin del boom de la garza, el mirlo deja de cantar, tormentas de nieve, regresan los mejillones azules, lengua azul, se encojen los cerebros, colapsa puente (Minneapolis), Gran Bretaña Siberiana, cambian los jardines de Gran

Bretaña, prostíbulos en problemas, Irlanda marrón, peste bubónica, aumentos presupuestarios, templo budista amenazado, colapsa edificio, extensión de la temporada de construcción, incendios forestales, oportunidades de negocios, riesgos de negocios, mariposas se van al norte, muerte de camellos, muertes por cáncer in Inglaterra, canibalismo, cataratas, cambio en la biomasa de la oruga, pinturas rupestres amenazadas, insomnio infantil, cólera, circuncisión en descenso, desaparición del cirro, descontento civil, incremento en la nubosidad, bosque nuboso, migración de cucarachas, café amenazado, criaturas de climas fríos sobreviven, temporadas de frío (Australia), ola de frío (India), modelos de computadoras, conflictos, conflicto con Rusia, corales desteñidos, arrecifes de corales mueren, arrecifes de corales crecen, arrecifes de corales se reducen, costo de billones, ataques de pumas, cuna de la civilización amenazada, aumento del crimen, sexo de cocodrilos, cultivos devastados, carreteras/edificios/sistemas residuales derrumbándose, ciclones (Australia), ciclones (Myanmar), peligros para la salud de los niños, Darfur, aumento del índice de muertes (Estados Unidos), fiebre hemorrágica del Dengue, depresión, avance del desierto, retroceso del desierto, desaparición de ciudades costeras, enfermedades se mueven hacia el norte, las Dolomitas colapsan, patos y gansos decrecen, el dust bowl se convierte en el cinturón maicero, matrimonios más temprano, primavera más temprano, temporada de polen más temprano, crisis de la biodiversidad de la Tierra, luz de la Tierra más tenue, Tierra inclinada, Tierra derritiéndose, fiebre mórbida de la Tierra, Tierra en la vía rápida, Tierra más lenta, Tierra gira más rápido, Tierra va a explotar, Tierra dada vuelta, Tierra bamboleándose, terremotos, intensificación de El Niño, erosión, emergen infecciones, encefalitis, pérdida de pueblos ingleses, igualdad amenazada, Europa simultáneamente se cocina y se congela, eutrofización, evolución acelerada, extinciones (humana, civilización, lógica, los Inuit, mariposas más pequeñas, bacalao, vaquita de San Antón, picas, osos polares, gorilas, morsas, ballenas, ranas, sapos, plantas, salmones, truchas, flores silvestres, bichos bolita, pingüinos, un millón de especies, la mitad de todas las especies de animales y plantas, especies de montaña, no osos polares, barrera de coral, sanguijuelas), cambios extremos a California, desvanecimiento del follaje de otoño, desmayos, hambruna, los granjeros van a la quiebra, desastre de moda, fiebre, bonanza de piñas de abeto, caída en la pesca, peces de achican, aumento en la pesca, peces sordos, peces se pierden, cambia el sexo de peces, se reduce la reserva de peces, cinco millones de enfermedades, enfermedades destructoras de tejidos, cambio en los patrones de inundaciones, inundaciones, inundación de playas y ciudades, ola de inmigrantes, decaimiento económico de Florida, peligro para las flores, envenenamiento con alimentos, suben estrepitosamente los precios de alimentos, amenaza a la seguridad de los alimentos, erosión de caminos, decadencia de bosques, expansión de bosques, rana con múltiples cabezas, congelación, crecimiento del daño de heladas, heladas, invasión de hongos, se seca el Jardín del Edén, decadencia de la diversidad genética, acervos genéticos desgarrados, invasión de ostras gigantes, invasión de pitones gigantes, migración de calamares gigantes, colapsan casas de pan de jengibre, terremotos glaciales, retiro glacial, crecimiento glacial, glaciar envuelto, enfriamiento global, oscurecimiento global, nubes resplandecen, Master de golf destrozado, praderas más húmedas, Gran Barrera de Coral 95% muerta, Grandes Lagos bajan su nivel, ballena gris se torna verde pierde peso, falla del Gulf Stream, síndorme hantavirus pulmonar, algas dañinas, incremento de cosechas, reducción de cosechas, epidemia de fiebre de heno, salud de los niños afectada, enfermedades del corazón, infartos y derrames cerebrales (Australia), olas de calor, hibernación afectada, hibernación termina muy temprano, hibernación termina muy tarde, epidemia de HIV, aumento del HIV, 50 millones sin casa, avispones, desarrollo humano enfrenta revés sin precedentes, reducción en la fertilidad humana, mejoría en la salud humana, aumento de huracanes, disminución de huracanes, problemas con la energía hidráulica, muertes por hipertermia, crecimiento de capas de hielo, disminución de capas de hielo, colapso de plataforma de hielo, clima inclemente, India se ahoga, falla de infraestructura (Canadá), enfermedad infecciosa, inflación en China, explosión de insectos, desplazamiento de los Intuit, envenenamiento de los Intuit, invasión de gatos, invasión de garzas, invasión de medusas, invasión de jejenes, isla desaparece, isla se hunde, seguros se encarecen, hiedra venenosa que pica más, jets caen del cielo, corriente de chorro vira al norte, cólicos renales, boom de gatitos, decaimiento de kriles, decaimiento de productividad de lagos y arroyos, lago se vacía, lago reduce su tamaño y se agranda, derrumbes, crecen los juicios, muere el monstruo del lago Ness, crecimiento exuberante en la selva tropical, malaria, bosta de mamut se derrite, avanza producción de arce, faltante de jarabe de arce, enfermedades marinas, cadena alimenticia marina diezmada, sube el Mediterráneo, megacriometeoros, melanoma, emisión de metano de las plantas, eructos de metano, escape de metano, derretimiento del permahielo, Imperio Medio convulsionado, migración, migración difícil (pájaros), microbios descomponen carbono del suelo más rápido, pegan las minorías, monos al acecho, crece Mont Blanc, monumentos en peligro, mueren alces, más días de mal aire, más aguas residuales crudas, aumenta la mortalidad, montañas se encojen (Everest), montañas se separan, montañas se derriten, montañas más altas, mortalidad baja, narvales en riesgo, implicancias a la seguridad nacional, desastres naturales se cuadruplican, nuevas islas, próxima era de hielo, la NFL amenazada, delta del Nilo dañado, nubes noctilucentes, robles mueren, robles se mueven al norte, acidificación del océano, expansión de desiertos del océano, aumento de velocidad de las olas, destrucción de la ópera, hockey al aire libre amenazado, reparación del ozono retrasada, aumento del ozono, zona muerta del Pacífico, brote de pestes, aumento de pestes, cambios en la fenología, florecimiento del plancton, desestabilización del plancton, pérdida del plancton, virus de plantas, las plantas marchan al norte, osos polares agresivos, osos polares caníbales, osos polares se ahogan, osos polares mueren de hambre, aumento de palomitas de maíz, marsopa extraviada, enfermedad psiquiátrica, decadencia del frailecillo, vías de ferrocarril deformadas, incremento de lluvias, ola de violaciones, refugiados, se sueltan virus antiguos congelados, desaparecen centros turísticos, arroz amenazado, se desploma la producción de arroz, impacto en el flujo de ríos, aumenta nivel de ríos, carreteras desgastadas, petirrojos desenfrenados, cumbres rocosas se parten, techo del mundo un desierto, enfermedad del río Ross, ruinas arruinadas, reducción de la salinidad, aumento de la salinidad, salmonella, aceleración de satélites, cierre de escuelas, nivel del mar sube más rápido, focas se aparean más, cuentas cloacales aumentan, tormentas severas, cambio de sexo del tuátara, tiburones atacan, boom de tiburones, tiburones van al norte, ovejas se encojen, cierre de negocios, perros de nariz corta en peligro, lagunas se reducen, se achica el santuario, centros de esquí amenazados, cáncer de piel, muerte lenta, cerebros más pequeños, smog, aumento de la caída de nieve, reducción de la caída de nieve, colapso social, canto de pájaros cambia hábitos alimenticios, uvas agrias, problema de espacio, arañas invaden Escocia, calamares gigantes agresivos, explosión de la población de calamares, ardillas se reproducen antes, tormentas más húmedas, desagües de tormenta abrumados, aumento del crimen en las calles, suicidio, pez espada en el Báltico, movimiento de placas tectónicas, consumo de alcohol en adolescentes, terrorismo, amenaza a la paz, garrapatas se mueven hacia el sur (Suecia), estallido de tornados, descenso del turismo, aumento del turismo, barreras de comercio, debilitamiento de los vientos alisios, medios de transporte amenazados, incremento en el follaje de árboles (Reino Unido), crecimiento de árboles más lento, árboles podrían regresar a Antártica, árboles en problemas, árboles menos coloridos, árboles más coloridos, árboles suntuosos, expansión de trópicos, elevación de la tropopausa, faltante de trufas, tortugas chocan, tortugas ponen huevos antes, polillas vampiro, Venecia se inunda, erupciones volcánicas, cachorros de morsa huérfanos, estampida de morsas, guerras por el agua, inicio de guerras, guerras amenazan a miles de millones, costos de guerra se duplican, falta de confianza en abastecimiento de agua, faltante de agua (aumento del 20%), agua bajo presión, clima enloquecido, patrones climáticos errados, maleza, fiebre del Nilo Occidental, ballenas van al norte, rendimiento de trigo destruido en Australia, incendios forestales, cambio de vientos, reducción de vientos, vino —daño a la industria australiana, daño a la industria del vino (California), desastre en la industria del vino (Estados Unidos), vino —más inglés, vino —provecho alemán, vino —no más francés, vino passé (Napa), inviernos más fríos en Gran Bretaña, muerte del invierno en Gran Bretaña, ejecuciones por brujería, lobos comen más alce, lobos comen menos, trabajadores despedidos, mundo en guerra, mundo en bancarrota, mundo en crisis, mundo en llamas, fiebre amarilla

La agenda del Estatista Ambiental, como gran parte de la agenda del Estatista, es cada vez más inmune al deseo popular.

Además de crear y controlar gran parte del estado administrativo, por lo general se puede contar con el poder judicial para darles a las políticas del Estatista una sanción legal. Las políticas se tornan ley y la ley debe obedecerse. En consecuencia, el debate sustancial está, de hecho, acabado, se exige el cumplimiento y los infractores son castigados.

De hecho, el Estatista Ambiental se ha apoyado mucho en el litigio para lograr su cometido. Como ha notado Jonathan Adler, profesor de la Escuela de Derecho de la Universidad Case Western Reserve, "Para algunos activistas ambientales, 'el litigio es la cosa más importante que ha hecho el movimiento ambientalista' desde los años setenta. La mayoría de las leyes federales de medio ambiente más importantes contienen las llamadas previsiones para juicios de ciudadanos comunes, que en realidad están limitadas a conferirle poder a grupos ambientalistas para abrir juicios en nombre del público. Como resultado, los juicios de ciudadanos ambientalistas son ahora 'un elemento central de la ley de medio ambiente estadounidense' "[75]. El Sierra Club confiere el Premio William O. Douglas —que recibe su nombre de uno de los jueces activistas más atroces de la Corte Suprema que haya habido jamás— a aquellos "que han hecho un uso destacado del proceso legal/judicial para alcanzar metas ambientales"[76].

Y en 2007, en un caso llamado *Massachusetts v. EPA*, la Corte Suprema le dio al Estatista Ambiental una de sus mayores victorias. Por sobre las objeciones de la rama ejecutiva y sin el apoyo de la historia legislativa, una mayoría de 5–4 de la Corte, liderada por el juez asociado John Paul Stevens, dictaminó que la Ley de Aire Limpio (Clean Air Act) cubría el dióxido de carbono y la emisión de otros gases de efecto invernadero de automóviles. Incluso más, a pesar de que la Corte no ordenó que la EPA regulara emisiones, no le dejó ninguna alternativa real a la agencia. Entonces, cinco jueces, entrenados como jueces, no científicos, determinaron que el dióxido de carbono es un contaminante que debe regular el gobierno.[77] Así nomás, la posición del Estatista Ambiental ahora es ley. La imposición de estrictas regulaciones y juicios contra "contaminantes" de dióxido de carbono ahora se expandirán en formas que resonarán a través de la economía y la sociedad como resultado de la aplicación deshonesta de la ley y la ciencia.

Entretanto, los efectos de la agenda del Estatista Ambiental continúan con rapidez. La sociedad estadounidense ahora está amenazada por peligrosas obstrucciones a las fuentes de energía. Mark P. Mills, de la revista *Forbes* informa que las mismas políticas que llevaron a la dislocación de la oferta y a la inestabilidad de precios de petróleo y gas están trabajando sobre el suministro de electricidad. "Para [2009] nuestra demanda de electricidad sobrepasará la oferta confiable en Nueva Inglaterra, Texas y el Oeste y, para 2011, en Nueva York y la región del Atlántico medio. Una falla en una planta de energía, o un aumento en la carga una tarde de verano podría ocasionar un apagón o una quema"[78]. La razón es que la mayoría de la energía está generada a carbón. "Activistas anti-carbón se jactan de que se cancelaron cincuenta y nueve plantas operadas a carbón en 2007. Unas cincuenta más están en contienda en veintinueve estados"[79]. Mills agrega, "[Las plantas nucleares] producen 20% de la electricidad de Estados Unidos. Pero no se ha inaugurado ni una planta nuclear en tres décadas, y los permisos de las existentes están por caducar. Los opositores están peleando la renovación de esos permisos"[80]. Y el futuro no es brillante. El secretario de energía del Presidente Obama, el Dr. Steven Chi, ganador del Premio Nobel de Física en 1997, es un propulsor del calentamiento global, abiertamente hostil hacia el uso de carbón y resistente a expandir el poder nuclear.[81]

El Estatista Ambiental posa como el defensor del aire limpio, el agua limpia, los pingüinos, las focas, los osos polares, los glaciares, los pobres, el Tercer Mundo y la humanidad misma. Pero ya es responsable de la muerte y el empobrecimiento de decenas de millones de seres humanos en el mundo subdesarrollado. Ahora se dedica a empresas más grandes —imponiendo sus designios sociales sobre un pueblo libre y próspero, dictando su estilo de vida, controlando su movimiento, y quebrantando su espíritu.

La designación del Presidente Obama, del ex administrador de la EPA en la era de Clinton, Carol M. Browner, como su "zar del calentamiento global" hace que sus intenciones se vean muy claras. Browner, responsable de la coordinación de las políticas ambientales y de energía de la administración, fue recientemente uno de los catorce líderes de la Comisión de Socialistas Internacionales para una Sociedad Mundial Sustentable. Como explica el *Washington Times*, la comisión "proclama una gobernabilidad global y sostiene que los países ricos deben achicar sus economías para abordar el cambio climático". También busca "límites que cumplir y punitivos sobre la emisión de gases de efecto invernadero".[82]

El columnista del *New York Times*, Thomas Friedman, autor de *Hot, Flat, and Crowded: Why We Need a Green Revolution—And How It Can Renew America*, recientemente expresó su frustración con la lentitud de la agenda estatista-ambiental, deseando que "nuestro gobierno se organizara y lanzara una revolución verde con el mismo enfoque persistente, y sujeto a la misma dirección que China logra por vías autoritarias"[83].

¿China? Este es el mismo régimen que envía a opositores políticos a campos de reeducación o cosas peores y que tiene uno de los medios ambientes más sucios del planeta.

El Estatista Ambiental declara su lealtad a la ciencia y el conocimiento cuando, en realidad, su única fe está en su ideología. Ahora que los modelos climáticos sugieren un leve enfriamiento global (¿nuevamente?), su terminología cambia de "calentamiento global ocasionado por el hombre" a "cambio climático ocasionado por el hombre". De aquí en adelante, las acciones de la Madre Naturaleza serán la responsabilidad de la humanidad sin importar lo que revele la ciencia. El Estatista Ambiental le ha declarado la guerra a la sociedad civil y está impaciente.

9

SOBRE LA INMIGRACIÓN

EL ARGUMENTO DEL ESTATISTA para la "reforma exhaustiva de inmigración" se reduce a esto: Estados Unidos es una nación de inmigrantes. La fundación y colonización de la nación ocurrió por los inmigrantes que desafiaron peligros para llegar a este país y arriesgaron todo para construir la prosperidad que disfrutamos hoy en día. Ciertamente, esto es verdad, en cierta medida.

Desde luego, decir que esta es una nación de inmigrantes es decir que todas las naciones son una nación de inmigrantes. México, la fuente de la mayoría de los inmigrantes en Estados Unidos hoy en día, es una nación de inmigrantes españoles (entre otros). La implicación, sin embargo, es que tanto la inmigración legal como la ilegal, no importa cuán extensa, es otro imperativo moral justificando la transformación de la sociedad civil. Esto no es así.

Nuevamente, la Declaración de la Independencia es una guía para este tema. Dice, en una parte relevante, que "para garantizar estos derechos [inalienables], se instituyen Gobiernos entre los Hombres, los que derivan sus poderes legítimos del consentimiento de los gobernados". Además, "el Pueblo tiene el Derecho a reformar o abolir [el gobierno] e instituir un nuevo gobierno que se funde en dichos principios, y a organizar sus poderes en la forma que a su juicio ofrezca las mayores probabilidades de alcanzar su seguridad y felicidad".

¿Están los gobernados —ciudadanos americanos— de acuerdo con el estado actual de la inmigración legal e ilegal en la nación? ¿Las políticas actuales de inmigración y la aplicación de las prácticas afectan la seguridad y la felicidad de la gente?

El Estatista insiste en que, en particular, el inmigrante del siglo XXI en Estados Unidos es el heredero espiritual de los inmigrantes que lo ayudaron a construir la nación. Sus motivos son igual de nobles y sus ambiciones igual de honorables a los de los Fundadores. Negarles acceso a la plenitud y libertad de Estados Unidos muestra una característica de maldad que no es estadounidense y es una renuncia al patrimonio estadounidense. Aún peor, el Estatista representa al inmigrante como si fuera universalmente más virtuoso que un ciudadano. Se dice que aspira y, de hecho, logra una posición más alta de mérito que el ciudadano, porque hace "el trabajo que los estadounidenses no quieren hacer", "es una persona religiosa" y "un hombre de familia". Se dice que el ciudadano debe su sustento al inmigrante, quien le construye la casa, mantiene su propiedad, cultiva su comida, cría a sus hijos, va a la guerra, etc. Por lo tanto, hasta el inmigrante ilegal merece un estatus privilegiado en la sociedad en el sentido de que su manera de infringir la ley se dice es por necesidad personal y de valor social. Por ende, debe ser instado a "salir de las sombras" hacia la luz.

Debe ser celebrado como un ejemplo. Y su virtud debe ser premiado con la ciudadanía.

Para el Conservador, esta es una formulación realmente extraña, dado que menosprecia al ciudadano y su papel primordial en la sociedad estadounidense. Es la comunidad de ciudadanos que aceptan ser gobernados y para quienes existe el gobierno. La responsabilidad principal del gobierno es hacia el ciudadano. De lo contrario, el gobierno deja de ser legítimo. Decir que el ciudadano, quien de hecho es principalmente responsable del carácter de la nación y la cultura a la cual los extranjeros inmigran, es menos valioso para la sociedad estadounidense que el extranjero que inmigra no tiene sentido.

Ninguna sociedad aguanta la migración masiva incondicional de extranjeros de todos los rincones del mundo. La preservación de la soberanía territorial de la nación, y la cultura, el idioma, las costumbres y las tradiciones que hacen posible una comunidad armoniosa de ciudadanos, dicta que la ciudadanía le sea otorgada solo con el consentimiento de los gobernados —no por acciones o exigencias unilaterales de los extranjeros— y solo entonces a los extranjeros que dejarán de lado la lealtad a su nación y sociedad previa y prometan su lealtad a Estados Unidos.

Un socio superior del Instituto Claremont y profesor de la Universidad Estatal de California, Edward J. Erler, reflejando la observación de Aristóteles, escribió: "Un cambio radical en el carácter de los ciudadanos equivaldría a un cambio de régimen, sin duda como una revolución en sus principios políticos".[1] El gobierno, por lo tanto, no solo está justificado sino obligado a aprobar la inmigración de aquellos que son más propensos a contribuir al bienestar de la sociedad civil, y crear las condiciones en las que los extranjeros de diferentes procedencias pueden ser absorbidos en la cultura estadounidense.

En 1965, como parte de la Gran Sociedad, el Estatista de hecho estableció la base para radicalmente alterar el carácter de la sociedad estadounidense y la relación entre los gobernados y su gobierno. Al firmar la Ley Hart-Celler, el presidente Lyndon Johnson dijo: "Este proyecto de ley que firmaremos hoy no es un proyecto de ley revolucionario. No afecta la vida de millones. No reformará la estructura de nuestras vidas diarias ni agregará realmente de manera importante nada a nuestra riqueza o nuestro poder".[2] Y durante el debate sobre el proyecto de ley en el Senado, el senador Ted Kennedy declaró: "Primero, nuestras ciudades no se verán inundadas con un millón de inmigrantes anualmente. Bajo el proyecto de ley propuesto, el nivel actual de inmigración permanece básicamente igual... Segundo, la mezcla étnica de este país no cambiará... Contrario a las acusaciones de algunas partes, [el proyecto de ley] no inundará a Estados Unidos con inmigrantes de cualquier país o zona, ni de las naciones más pobladas y económicamente necesitadas de África y Asia".[3]

Johnson, Kennedy y los otros Estatistas estaban equivocados, y es difícil creer que no estaban engañando intencionalmente al público. En 1964, el candidato republicano a la vicepresidencia, el representante William Miller, comprendió bien el aumento total de la inmigración que resultaría de la ley de 1965: "Estimamos que si el presidente se sale con la suya, y las leyes actuales de inmigración son revocadas", dijo, "el número de inmigrantes el año que viene será tres veces mayor y en los siguientes años aumentará aun más".[4]

El proyecto de ley abolió la política de décadas atrás de cuotas nacionales, que se decía era discriminatoria porque favorecía a los inmigrantes de Europa (en especial los del Reino Unido, Irlanda y Alemania) por encima de los del Tercer Mundo. Por lo tanto, aumentó los niveles de inmigración de cada hemisferio, poniendo en marcha un considerable aumento de inmigración de Latinoamérica, Asia y África —perjudicando a los previamente favorecidos extranjeros de Europa. El proyecto de ley también introdujo, por primera vez, un sistema de *migración en cadena* que, como denota el Centro para Estudios de Inmigración, "le daba más preferencia a los parientes de los ciudadanos estadounidenses y extranjeros con residencia permanente que a los que aplicaban con aptitudes laborales especializadas".[5] Aquellos que reciben preferencia de entrada incluyen hijos e hijas solteros de ciudadanos de Estados Unidos, cónyuges e hijos pequeños e hijos e hijas solteros de residentes permanentes, hijos e hijas casados de ciudadanos de Estados Unidos, y hermanos y hermanas de ciudadanos de Estados Unidos de más de veintiún años de edad.[6]

Por lo tanto, la base histórica para tomar decisiones inmigratorias había sido radicalmente alterada. El énfasis ya no estaría en la preservación de la sociedad estadounidense y el consentimiento de los gobernados; ahora los extranjeros mismos decidirían quién viene a Estados Unidos a través de la reunificación familiar. Con la eliminación de las cuotas nacionales y la imposición de la migración en cadena, los extranjeros inmigrando a Estados Unidos eran más pobres, menos educados y tenían menos aptitudes que aquellos que los precedieron —un patrón que continúa hoy en día. Steven Malanga, del Instituto de Manhattan, escribe que la primera gran migración hace cien años atrajo a "sastres judíos que ayudaron a crear la industria indumentaria en Nueva York, mamposteros y albañiles italianos que ayudaron a construir algunos de los mejores edificios, comerciantes, tenderos y artesanos alemanes —todos trajeron aptitudes importantes con ellos que fácilmente cupieron en la economía estadounidense. Esas olas de inmigrantes... ayudaron a recargar la mano de obra en un momento en que el país estaba pasando por una expansión transformadora a nivel económico y ansiaba nuevos trabajadores, en especial en las ciudades". Además, como resultado de la ley de 1965, "la inmigración legal... se disparó de 2,5 millones en la década de los cincuenta a 4,5 millones en la década de los setenta a 7,3 millones en la década de los ochenta a alrededor de 10 millones en la década de los noventa".[7]

Inclusive más, mientras las circunstancias políticas y económicas se deterioraban en el Tercer Mundo, en particular en México y otras partes de Latinoamérica, Asia y África, la naturaleza igualitaria de la ley de 1965 y el creciente estado benefactor estadounidense también alentaron la migración *ilegal* y sin precedentes de millones de extranjeros indigentes e incultos adicionales a Estados Unidos. Así ocurrió también con la Ley de Reforma y Control Migratorio de 1986, donde le brindaron amnistía a alrededor de 3 millones de extranjeros ilegales, que estaba condicionada a la seguridad de la frontera y la imposición para hacer cumplir las leyes migratorias que nunca se materializó en las siguientes administraciones.[8]

La combinación de la migración en masa legal e ilegal ha abrumado la habilidad del gobierno federal para hacer cumplir sus procedimientos inmigratorios y asegurar las fronteras de la nación. El difunto autor Theodore White, que no era conservador, escribió que "la ley inmigratoria de 1965 cambió los patrones previos, y al hacer eso, probablemente cambió el futuro de Estados Unidos… era noble, revolucionaria —y probablemente una de las acciones más desconsideradas de las muchas de la Gran Sociedad".[9]

En la década de los sesenta, César Chávez, uno de los fundadores del sindicato Trabajadores Agrícolas Unidos (UFW, por sus siglas en inglés), se opuso con vehemencia a la inmigración ilegal, diciendo que socavaba sus esfuerzos para sindicalizar a los trabajadores agrícolas y mejorar las condiciones de trabajo y salarios de los trabajadores que era ciudadanos estadounidenses. El UFW hasta denunció a inmigrantes ilegales al Servicio de Inmigración y Naturalización.[10] En 1969, Chávez lideró una marcha, acompañado por Ralph Abernathy, presidente de la Conferencia de Liderazgo Cristiano del Sur, y el senador Walter Mondale, por la frontera con México, protestando contra los granjeros que contrataban inmigrantes ilegales.[11]

Pero la mayoría de los sindicatos pronto cambió su curso y hoy en día hacen *lobby* pidiendo la amnistía y luego la ciudadanía de los ilegales. Entre ellos están: la Federación Americana de Sindicato-Congreso de Organizaciones Industriales (American Federation of Labor-Congress of Industrial Organizations); la Federación Americana de Empleados Estatales, de Condados y Municipales (American Federation of State, County and Municipal Employees); el Comité de Organización de Trabajo Agricultor (Farm Labor Organizing Committee); el Sindicato Internacional de Empleados de Hoteles y Restaurantes (Hotel Employees and Restaurant Employees International Union); el Sindicato Internacional de Trabajadores de Norte América (Laborers' International Union of North America); el Sindicato Internacional de Empleados de Servicio (Service Employees International Union); el Sindicato de Empleados de Comercio de Agujas, Industriales y Textiles (Union of Needletrades, Industrial and Textile Employees); los Trabajadores Unidos de la Agricultura (United Farm Workers); y los Trabajadores Unidos de Alimentos y Comercio (United Food and Commercial Workers).

Los sindicatos ven el gran ingreso de inmigrantes legales e ilegales como una nueva fuente de influencia política que favorece a sus aliados en el Partido Demócrata y potencialmente suma miembros a sus números menguantes. Llegaron a la misma conclusión que el historiador Samuel Lubell, quien dijo que los hijos con edad para votar de la primera gran migración constituían "las masas de las grandes ciudades que brindaron los votos que reeligieron a [Franklin] Roosevelt una y otra vez —y, al hacerlo, terminaron con la tradicional mayoría republicana en este país".[12] Y no puede haber duda, como cuestión práctica, de que las promesas de beneficios por votos del Estatista son un incentivo atractivo aunque destructivo. A pesar del largo historial de apoyo por el aumento de la inmigración legal y la amnistía para los ilegales del presidente George W. Bush y el senador John McCain, no fue suficiente para competir con la agenda del Estatista. En 2004, el 44% de los hispanos, por ejemplo, votó por Bush y 53% votó por John Kerry. En 2008, 31% de los hispanos votaron por McCain y 67% votaron por Barack Obama.[13]

El Estatista tolera las violaciones del inmigrante ilegal de los estándares de trabajo, salario y medio ambiente, porque los hijos del extranjero nacidos en Estados Unidos son, bajo la actual interpretación de la Decimocuarta Enmienda de la Constitución, tratados como ciudadanos estadounidenses. Y bajo la Ley Hart-

Celler, al cumplir veintiún años, el hijo puede patrocinar a miembros adicionales de la familia para su ciudadanía. Desde la perspectiva del Estatista, la reserva de futuros electores de la administración estatal y votantes compasivos es potencialmente ilimitada.

¿Pero la Decimocuarta Enmienda realmente otorga ciudadanía automática a los hijos de inmigrantes ilegales? La parte pertinente de la enmienda dice que "todas las personas, nacidas o naturalizadas en Estados Unidos, y *sujetas a la jurisdicción de este*, son ciudadanas de Estados Unidos".[14] Este lenguaje requiere más que el nacimiento dentro de Estados Unidos. El propósito de la enmienda era otorgarle la ciudadanía a los esclavos emancipados, quienes nacieron en Estados Unidos y le debían lealtad absoluta a este país. Los indios americanos quienes también fueron sujetos a la jurisdicción tribal fueron excluidos de la ciudadanía. No existe un historial legislativo que apoye la propuesta absurda de que la Decimocuarta Enmienda tenía como intención darle el poder a los inmigrantes ilegales para que le confirieran la ciudadanía estadounidense a sus bebés simplemente como resultado de sus nacimientos en Estados Unidos. Los visitantes y diplomáticos extranjeros no están sujetos a la jurisdicción estadounidense. Los inmigrantes ilegales están sujetos a la jurisdicción de sus países de origen, así como lo están sus hijos, sea que hayan nacido en sus países de origen o en Estados Unidos.

La combinación de consecuencias deliberadas y no deliberadas, y la inmigración legal e ilegal, están transformando a la sociedad estadounidense. Usando los datos recolectados por la Agencia de Censos de Estados Unidos en marzo de 2007, el Centro de Estudios sobre Inmigración informó, en parte:

- La población inmigrante de la nación (legal e ilegal) llegó a un récord de 37,9 millones en 2007.

- Uno de cada ocho residentes estadounidenses son inmigrantes, el nivel más alto en ocho años. En 1970 era 1 de cada 21; en 1980 era 1 de cada 16; y en 1990 era 1 de cada 13.

- En total, casi 1 de cada 3 inmigrantes es ilegal. La mitad de los inmigrantes mexicanos y centroamericanos y un tercio de los inmigrantes suramericanos son ilegales.

- De los inmigrantes adultos, el 31% no ha terminado la secundaria, comparado con el 8% de los nativos. Desde 2000, la inmigración aumentó la cantidad de trabajadores sin un título de bachillerato en un 14%, y de todos los demás trabajadores en un 3%.

- La proporción de casas de inmigrantes que usan al menos uno de los programas de asistencia social importantes es del 33%, comparado con el 19% de las casas de nativos.

- La tasa de pobreza para los inmigrantes y sus hijos nacidos en Estados Unidos (menores de dieciocho años) es del 17%, casi un 50% más alto que la tasa para los nativos y sus hijos.

- El 34% de los inmigrantes no tiene seguro médico, en comparación con el 13% de los nativos. Los inmigrantes y sus hijos nacidos en Estados Unidos pertenecen al 71% del aumento de los no asegurados desde 1989.

- La inmigración es responsable de prácticamente todo el aumento nacional de inscripciones en las escuelas públicas durante las últimas dos décadas. En 2007, había 10,8 millones de niños con edad escolar de familias inmigrantes en Estados Unidos.[15]

El Centro Hispánico Pew estima que en 2004, el 9% *de la población de México* estaba viviendo en Estados Unidos. El 57% de todos los inmigrantes ilegales son mexicanos. Otro 24% son de otros países latinoamericanos. El 55% de todos los mexicanos en los Estados Unidos está aquí ilegalmente.[16] Para el año 2050, los hispanos estarán entre el 29% y el 32% de la población de la nación.[17]

El columnista del *Washington Post*, Robert J. Samuelson, analizó el informe estadístico anual de la Agencia de Censos sobre la pobreza y los ingresos familiares de 2006 y encontró, entre otras cosas, que "había 36,5 millones de personas en la pobreza. Esa cifra se traduce a una tasa de pobreza del 12,3%. En 1990, la población era más pequeña, y había 33,6 millones de personas en la pobreza, una tasa del 13,5%. El aumento entre 1990 y 2006 fue de 2,9 millones de personas (36,5 millones menos 33,6 millones). Los hispanos son los responsables de todo el aumento".[18]

Samuelson explicó que "de 1990 a 2006, el número de hispanos pobres aumentó por 3,2 millones, de 6 millones a 9,2 millones. Mientras tanto, el número de blancos no hispanos en la pobreza cayó de 16,6 millones (tasa de pobreza del 8,8%) en 1990 a 16 millones (8,2%) en 2006. Entre los negros, disminuyó de 9,8 millones en 1990 (tasa de pobreza del 31,9%) a 9 millones (24,3%) en 2006. La pobreza blanca y negra ha subido un poco desde 2000, pero ha estado baja durante períodos más largos". Agregó: "Solo un acto de negación deliberada puede separar a la inmigración de la pobreza. El aumento entre hispanos se debe concentrar entre los inmigrantes, legales e ilegales, así como sus hijos nacidos en Estados Unidos. Sin embargo, esta historia queda mayormente sin contar".[19]

Heather MacDonald, del Instituto de Manhattan, señala otro problema con la migración masiva hispana a Estados Unidos —la "ola de fertilidad" entre las mujeres hispanas solteras, en especial las adolescentes. "Las mujeres hispanas tienen el índice de natalidad más alto entre las solteras de este país —más de tres veces el de las blancas y asiáticas, y casi más de una vez y media el de las mujeres negras". Además, "la tasa de partos entre adolescentes mexicanas, quienes mayormente provienen de la población inmigrante en más crecimiento, supera enormemente todos los demás grupos".[20]

La educación es otro problema con inmigrantes que traen actitudes diferentes y con tan solo sus cifras que abruman a muchos de los sistemas escolares. En México, un niño está legalmente obligado a asistir a la escuela hasta el octavo grado. En parte, esta es la razón por la que 32% de los inmigrantes ilegales y 15% de los inmigrantes legales no han terminado el noveno grado. Solo el 2% de los nativos de Estados Unidos no lo han hecho. Casi el 31% de inmigrantes adultos no tiene un título de bachillerato. El 8% de los nativos de Estados Unidos no tienen uno.[21]

Los sistemas escolares públicos locales están luchando con las consecuencias de las políticas del gobierno federal. De acuerdo al Centro Hispánico Pew, uno de cada cinco estudiantes en 2006 era hispano. Entre 1990 y 2006, los estudiantes hispanos ocupaban casi el 60% del aumento total de estudiantes que asisten a escuelas públicas. Y para 2050, Pew predice que la población hispana de edad escolar aumentará un 166%. Se espera que los niños hispanos constituyan la mayoría de los estudiantes de escuelas públicas en 2050.[22]

La enormidad de la migración a Estados Unidos también desalienta el uso del inglés y alienta el establecimiento de enclaves étnicos. En 2007 la Encuesta de la Comunidad Estadounidense de la Agencia de Censos encontró que más de 55 millones de individuos en Estados Unidos hablan otro idioma aparte de inglés en casa. De estas personas, más de 34 millones habla español en casa. Más de 16 millones de los hispanohablantes hablan inglés "menos que muy bien".[23] Además, en 2000, el 43% de los hispanos vivía en vecindarios con una mayoría hispana, de un 39% en 1990.[24]

Desde luego, el estado administrativo ha prosperado mucho de la anarquía inmigratoria que ha desatado el Estatista. Robert Rector, de la Fundación Heritage, escribió que "históricamente los hispanos en Estados Unidos han tenido altos niveles de uso de la asistencia social... [en años recientes], es tres veces más probable que los hispanos reciban asistencia social que los blancos no hispanos. Combinar la mayor probabilidad de recibir asistencia social con el costo incrementado de la asistencia social por familia, significa que, en promedio, las familias hispanas recibieron cuatros veces más asistencia social por familia que los blancos no hispanos... El uso de asistencia social también se puede medir por estatus inmigratorio. En general, las familias inmigrantes son 50% más propensas a usar asistencia social que las familias nativas. Es más probable que los inmigrantes con menos educación usen asistencia social".[25]

En 2008, un estudio del Instituto de Manhattan, "Measuring

Immigrant Assimilation in the United States", encontró que el nivel de asimilación actual de todos los grupos inmigrantes recientes es menor que en cualquier momento de la primera gran migración a principios del siglo XX. Mientras algunos grupos étnicos se asimilan mejor que otros, y por diferentes razones, los mexicanos fueron los que menos se asimilaron en total y estaban asimilándose al ritmo más lento. Hasta aquellos mexicanos que vinieron a Estados Unidos de niños (menores de cinco años) mostraron tendencias desalentadoras. Es más probable que ellos sean madres adolescentes o encarcelados que otros grupos étnicos inmigrantes: "Los adolescentes mexicanos son encarcelados a un índice aproximadamente 80% mayor que los adolescentes inmigrantes en general".[26]

A diferencia de las pasadas olas migratorias a Estados Unidos, que tuvieron principios y fines identificables, la entrada actual no es una ola sino un tsunami constante que comenzó hace más de cuarenta años y, aparte de disminuciones temporarias causadas en general por una economía estadounidense en recesión y el cumplimiento arriesgado de leyes inmigratorias, es probable que continúe.

Los ciudadanos fueron asegurados que la ley de 1965 no produciría lo que ahora de hecho ha producido. Sin embargo, no hay un esfuerzo serio para revocar la migración en cadena o siquiera pararla temporalmente. El Estatista no le permite a la nación el tiempo para tratar de absorber a los extranjeros que ya están aquí antes de fomentar que otros sigan llegando. Las leyes y políticas federales y estatales que otorgan ciudadanía de facto a inmigrantes ilegales —la relajada manera de hacer cumplir sanciones a empleadores y la concesión de licencias para conducir, la matrícula de universidades estatales, el cuidado en hospitales, los préstamos hipotecarios y la educación pública— le mandan señales a extranjeros alrededor del mundo de que Estados Unidos no toma en serio el cumplimiento de las leyes inmigratorias. Y cuando varias ciudades y pueblos se designan como "ciudades de asilo" y les ordenan a sus empleados y a la policía local que no cooperen con las autoridades federales de inmigración, la ley es desobedecida tanto por funcionarios públicos como por los inmigrantes ilegales. Estados Unidos nunca ha experimentado ni tolerado algo así.

Además, en vez de americanizar a los extranjeros y usar las instituciones públicas y privadas para inculcarles las virtudes de la cultura, el idioma, las costumbres, la historia y las tradiciones estadounidenses, el Estatista está cultivando un *relativismo cultural* en donde a las culturas de donde partieron los extranjeros se les da igual importancia que a la cultura estadounidense. Pero todas las culturas no son iguales, como se ve, en parte, en el extranjero que huye de su propio país hacia la cultura estadounidense y en el ciudadano estadounidense que se queda en su lugar. Es normal y saludable que los grupos étnicos celebren sus patrimonios diversos —el Día la Raza, el Día de San Patricio, etc.— y así lo han hecho desde la fundación de la nación. La mayoría de las ciudades tienen un barrio chino, uno italiano, uno alemán. En muchos de estos barrios étnicos todavía se habla el "viejo idioma", en especial entre las generaciones más grandes. Pero ni el patrimonio ni el idioma original del individuo han competido jamás con la cultura estadounidense por la dominación. La historia de inmigración en Estados Unidos hasta ahora ha sido de asimilación. En su discurso de despedida a la nación de 1796, George Washington lo explicó de la siguiente manera:

Ciudadanos, de nacimiento o elección, de un país en común, ese país tiene el derecho de concentrar sus afectos. El nombre de estadounidense, que les pertenece, en su capacidad nacional, siempre debe exaltar el orgullo justo del Patriotismo, más que cualquier denominación derivada de discriminaciones locales.[27]

Durante más de dos siglos, los individuos con orígenes diversos se han juntado para formar un "crisol" nacional y una sociedad armoniosa sostenida por la lealtad al país y sus principios fundadores. Pero la migración masiva con final abierto de hoy en día, junto con las influencias destructivas del biculturalismo, el multiculturalismo, el bilingüismo, el multilingüismo, la doble ciudadanía y la discriminación positiva, se han combinado para formar los pilares de otro tipo de sociedad —donde a los extranjeros se les enseña a aferrarse firmemente de sus previas culturas e idiomas, crece la balcanización, se despiertan el antagonismo y el conflicto, y la victimización es declarada con la percepción de desaires. Si una nación no muestra y enseña el respeto por su propia identidad, principios e instituciones, esa actitud corrosiva se expresa al resto del mundo, incluyendo los nuevos extranjeros recién llegados. Y si esto no se controla, la nación dejará de existir.

El doctor Samuel P. Huntington, quien sirvió de presidente del Departamento de Gobierno de Harvard y su Academia para Estudios Internacionales y de Áreas, observa que "la entrada persistente de inmigrantes hispanos amenaza con dividir a Estados Unidos en dos pueblos, dos culturas y dos idiomas… Estados Unidos ignora este desafío para perjuicio propio". Dijo que "la inmigración mexicana difiere de la inmigración pasada y la mayoría de las demás inmigraciones contemporáneas dada la combinación de seis factores: contigüidad, escala, ilegalidad, concentración regional (en el sudoeste), persistencia y presencia histórica". Las consecuencias, él cree, son duras: "Demográfica, social y culturalmente, la *reconquista* del Sudoeste de Estados Unidos por los inmigrantes mexicanos ya está bien encaminada".[28]

Estados Unidos ya es una nación bilingüe. El Gobierno en todos sus niveles y una lista creciente de empresas privadas hacen negocios en inglés y español. Y el español es el idioma predominante en comunidades a través del país. Esta es una condición destructiva. San Agustín observó: "Cuando los hombres no pueden comunicar sus pensamientos entre sí, simplemente por la diferencia de idiomas, toda la similitud de la naturaleza humana que tienen en común es inútil para unirlos como compañeros".[29] Alexis de Tocqueville dijo lo mismo: "El idioma es quizá la conexión más fuerte y duradera que une a los hombres".[30]

¿Cómo puede el extranjero participar totalmente de la sociedad estadounidense si no comparte el idioma que une a un ciudadano con otro? ¿Cómo puede adquirir mejores aptitudes, buscar educación superior o interactuar efectivamente en el mercado si no habla inglés? ¿Cómo puede evaluar el beneficio de hacer contratos u otros arreglos legales si no puede comprender los términos y las condiciones a los que se está comprometiendo? Y aún más importante, ¿cómo puede el extranjero comprender los principios fundadores de la nación y prometerles su lealtad si no puede estar seguro de la intención de su significado? Claramente ni el extranjero ni la sociedad civil salen ganando.

Sin embargo, los defensores de la inmigración ilimitada vilipendian a aquellos que intentan fomentar un idioma en común. Raul Yzaguirre, quien durante treinta años fue presidente y direc-

tor ejecutivo del grupo Consejo Nacional de La Raza, supuestamente dijo que "el inglés estadounidense es para los hispanos lo
que el Ku Klux Klan es para los negros".[31] Financiado, en parte,
por la Fundación Ford y otras numerosas contribuciones de corporaciones y organizaciones sin fines de lucro, La Raza trabaja sin
parar en contra de la asimilación de los hispanos legales a la sociedad americana y por la continuación de la migración ilegal hispana al país. Escribiendo en la revista *FrontPage*, John Perazzo
reveló que La Raza

- ve a Estados Unidos como una nación irredimiblemente
  racista
- favorece las preferencias raciales y étnicas para las minorías en el lugar de trabajo y en la educación superior
- apoya las fronteras abiertas y la amnistía para todos los
  inmigrantes ilegales
- apoya la Ley DREAM, que está diseñada para permitir
  que inmigrantes ilegales asistan a la universidad con matrículas reducidas que normalmente son reservadas a los
  residentes legales del estado
- defiende la "reforma" que le brindaría a los inmigrantes
  ilegales acceso total a los cuidados de salud financiados
  por los contribuyentes
- caracteriza cualquier reducción de asistencia gubernamental para los que cruzan las fronteras ilegalmente
  como "una desgracia para los valores estadounidenses"
- apoya el acceso a licencias de conducir para inmigrantes
  ilegales
- apoya el derecho de votar para los inmigrantes ilegales

- se opone a la Ley de Transporte de Aviación y Seguridad (Aviation Transportation and Security Act), que requiere que todos los seleccionadores de equipaje de aeropuertos sean ciudadanos estadounidenses
- se opone a la Ley de Ejecución Clara de la Ley para Retiro de Inmigrantes Criminales (Clear Law Enforcement for Criminal Alien Removal Act), que le daría el poder al estado y a la policía local para hacer cumplir las leyes inmigratorias federales
- se opone a la Ley de REAL ID, que requiere que todos los solicitantes de licencias de conducir y documentos de identificación con fotografía sean capaces de verificar que son residentes legales de Estados Unidos, y que los documentos que presentan prueben que su identidad es genuina.[32]

A pesar de esta agenda radical, que ha sido consistentemente rechazada por los votantes estadounidenses, líderes de este movimiento son bienvenidos en los rangos más altos de poder. Hillary Clinton eligió a Yzaguirre como codirector de su campaña presidencial y lo asignó para que liderara su acercamiento a los hispanos. McCain fue honrado por su grupo en 1999. El presidente Obama nombró a Cecilia Muñoz, vicepresidente primera de La Raza, como directora de la Oficina de Asuntos Intergubernamentales. Hay una multitud de tales grupos e individuos bienvenidos a los rangos más altos del gobierno, donde ejercen su influencia en las decisiones de políticas públicas. McCain también nombró a un individuo a los rangos más altos de su campaña presidencial —Juan Hernández, quien nació en Estados Unidos pero tiene doble nacionalidad con México— como su director para llegar a los hispanos. Hernández una vez tuvo el mismo puesto para el antiguo presidente de México, Vicente Fox. En 2001, Hernández, hablando de los mexicoamericanos, dijo: "Quiero que la tercera generación, la séptima generación, que todas piensen 'primero México' ".[33]

La Cámara de Comercio de Estados Unidos y otros intereses empresariales en Estados Unidos son agentes que económicamente posibilitan esta mentalidad. Es difícil creer que la Cámara usa su considerable influencia con el Congreso para instar la importación de aún más trabajadores con poco o nada de especialización. Después de todo, ¿quién más va a cortar el césped, lavar los platos y recoger la lechuga? Desde luego, los estadounidenses lo harán, si el precio es aceptable. Thomas Sowel del Instituto Hoover escribe: "Prácticamente cualquier trabajo es un trabajo que los estadounidenses no aceptarán si el pago es lo suficientemente bajo. Ni tampoco hay razón para subir el salario si los inmigrantes ilegales están disponibles pagando uno bajo".[34] El director ejecutivo del Centro de Estudios sobre Inmigración, Mark Krikorian, agrega: "Si la oferta de trabajadores extranjeros se fuera a secar… los empleadores responderían a este mercado laboral nuevo y más ajustado de dos maneras. Una, ofrecerían salarios más altos, mayores beneficios y mejores condiciones de trabajo, como para reclutar y retener a gente de los trabajadores restantes. A su vez, los mismos empleadores buscarían maneras de eliminar algunos de los trabajos que ahora están luchando por llenar. El resultado sería un equilibrio nuevo, con obreros que ganan un poco mejor, pero cada uno de ellos sería un poco más productivo". Agrega: "Al retener el crecimiento natural de los salarios en industrias que requieren mucha mano de obra, la inmigración sirve como un subsidio para una manera de negociar que incluye salarios y productividad bajos, retrasando el progreso tecnológico y el crecimiento de la productividad".[35]

La política de inmigración estadounidense también tiene el efecto perverso de sostener el statu quo disfuncional en México. El profesor de la Universidad Johns Hopkins, Steve H. Hanke, dice que las políticas de trabajo de México reflejan aquellas de la Yugoslavia comunista bajo Marshal Tito. "En vez de modernizar la economía, los políticos de México han adoptado una estrategia inspirada por Tito: ante la incapacidad de fomentar trabajos productivos, exporten la mano de obra. Como resultado, más del 27% de la mano de obra de México [estaba] trabajando en Estados Unidos [en 2006] y estos trabajadores están mandando a sus casas $20 mil millones en remesas. Eso equivale a un tercio del total de los ingresos en el sector formal de la economía mexicana y el 10% de las exportaciones de México".[36]

La ley de oferta y demanda a través de la importación de mano de obra poco o nada especializada ha tenido las mismas consecuencias que César Chávez originalmente temió —concretamente, reduce la disponibilidad de trabajos de nivel básico o con poca especialización para los estadounidenses y hace caer los salarios para los estadounidenses no especializados que buscan trabajos. El profesor de la Universidad de Harvard, George J. Borjas, encontró que "al aumentar la oferta de mano de obra entre 1980 y 2000, la inmigración redujo el promedio anual de salarios para hombres nativos por un estimado de $1.700 o más o menos el 4%". Además, "el efecto negativo que tiene sobre los negros e hispanos nativos es considerablemente mayor que sobre los blancos porque una cantidad mucho más grande de las minorías están en competencia directa con los inmigrantes".[37]

Lee Cary, del *American Thinker*, se preguntó qué demanda podría existir para la mano de obra no especializada en el futuro. Miró las estadísticas del Departamento de Trabajo de Estados Unidos y concluyó que no era muy prometedor. "De 2006 a 2016, se proyecta que la porción de hispanos en la fuerza laboral crecerá del 13,7% al 16,4%. Mientras tanto, los súper sectores vocacionales que se espera tengan el crecimiento más alto ('los servicios de educación y salud' y 'los servicios profesionales y de negocios') generalmente requerirán, como mínimo, una educación secundaria. Los súper sectores donde los hispanos no especializados experimentan el más alto nivel de empleo actual, la construcción y la agricultura, se estima que crecerán un modesto 10,6% y disminuirán un 2,8%, respectivamente".[38] En una economía moderna con un creciente énfasis en la educación y las especializaciones, el excedente de mano de obra no especializada extranjera tensionará y expandirá aún más los servicios sociales mientras que mantendrá los salarios bajos para aquellos que encuentren trabajos de niveles básicos y poca especialización.

Aunque ciertos negocios relacionados con la agricultura, los servicios de hotelería y restaurantes, servicios de césped y la construcción se pueden beneficiar de una oferta ilimitada de mano de obra pobre, no especializada y extranjera dispuesta a trabajar por debajo del salario mínimo y sin la colección de beneficios que los empleadores le deben proveer a sus empleados legales, el resto de la sociedad está obligada a subsidiar estos negocios pagando los beneficios que reciben los trabajadores extranjeros y sus familias a través de la educación pública, el cuidado de salud y un menú de ofertas del estado benefactor. Por esta razón, el doctor Milton Friedman declaró: "Es simplemente obvio que no se pueden tener una inmigración libre y un estado benefactor".[39] Y, nuevamente, la proporción de familias inmigrantes que utilizan al menos uno de estos programas de asistencia social es del 33%. Como dijo el profesor Borjas: "Estar sin trabajo [en Estados Unidos] igual es mucho mejor para la mayoría de las personas que estar empleado en Centroamérica".[40]

Robert Rector señala: "En el año fiscal de 2004, las familias inmigrantes poco especializadas recibieron $30.160 por familia en beneficios y servicios inmediatos [del gobierno] (beneficios directos, beneficios a base de una evaluación financiera, educación y servicios a base de la población). En general, las familias inmigrantes con poca especialización recibieron alrededor de $10.000 más en beneficios gubernamentales que la familia promedio de Estados Unidos, en gran parte por el nivel más alto de asistencia social a base de una evaluación financiera recibida por las familias de poca especialización. Por el contrario, las familias inmigrantes poco especializadas pagaron solo $10.573 en impuestos en 2004. Por ende, las familias inmigrantes poco especializadas recibieron casi tres dólares en beneficios y servicios inmediatos por cada dólar de impuesto pagado".[41]

El difunto senador de Minnesota y candidato demócrata a la presidencia Euguen McCarthy escribió: "Estados Unidos no puede recuperar su posición competitiva en el mundo al importar mano de obra de bajos salarios de otros países. Por un lado, engendra condiciones que este país no puede ni debe tolerar... Por otro lado, en la edad moderna la riqueza y prosperidad de una nación es asegurada por la alta productividad laboral y las inversiones de capital, no por la disponibilidad de mano de obra de bajos salarios".[42]

Hay otros costos para la sociedad que resultan de la inmigración abierta, incluyendo el crimen. El Estudio Nacional de Pandillas de Jóvenes (National Youth Gang Survey) de 1999–2001, publicado por el Departamento de Justicia, informó que aproximadamente la mitad de todos los miembros de pandillas eran hispanos/latinos en 2001.[43] En 2005, el director asistente del FBI, Chris Swecker, le dijo al Congreso que "las pandillas de California, en especial de la zona de Los Ángeles, tienen una gran influencia sobre las pandillas mexicoamericanas y centroamericanas en este país y en Latinoamérica… La pandilla Mara Salvatrucha, o MS-13, es una pandilla violenta integrada principalmente por inmigrantes centroamericanos que se originó en Los Ángeles y ahora se ha extendido a todo el país. Los miembros de MS-13 son mayormente de El Salvador, Honduras y Guatemala… Ahora tienen presencia en más de treinta y un estados y el Distrito de Columbia.[44]

En 2005, la Oficina de Responsabilidad Gubernamental (Government Accountability Office) informó que "a nivel federal, el número de criminales extranjeros encarcelados aumentó de alrededor de 42.000 al final del año 2001 a alrededor de 49.000 al final del año 2004 —un aumento del 15%. El porcentaje de todos los prisioneros federales que son criminales extranjeros ha permanecido igual durante los últimos tres años —alrededor de 27%. La mayoría de los extranjeros criminales encarcelados al final del año 2004 fueron identificados como ciudadanos de México". A nivel estatal, "los cincuenta estados recibieron un reembolso [parcial] por encarcelar alrededor de 77.000 criminales extranjeros en el año fiscal de 2002... A nivel local... en el año fiscal de 2003 [el gobierno federal parcialmente] reembolsó a alrededor de 700 gobiernos locales por [encarcelar] alrededor de 147.00 criminales extranjeros".[45] "Algunos gobiernos estatales y locales han expresado preocupación sobre el impacto que tienen los criminales extranjeros en las prisiones y cárceles ya atiborradas de personas y que el gobierno federal los reembolsa por solo una parte de los costos para encarcelar a los criminales extranjeros".[46]

Los costos de salud y los riesgos están creciendo a través de la nación. La difunta Madeleine Pelner Cosman escribió: "Por omisión, les otorgamos pases de salud a los inmigrantes ilegales. Sin embargo muchos inmigrantes ilegales albergan enfermedades fatales que la medicina estadounidense peleó y venció hace tiempo, como la tuberculosis resistente a la medicina, la malaria, la lepra, la peste, la polio, el dengue y el mal de Chagas".[47]

Cosman señaló: "La ley de Tratamiento Médico de Urgencia y Trabajo Activo (Emergency Medical Treatment and Active Labor Act o EMTALA) requiere que todo departamento de emergencia (ED, por sus siglas en inglés) trate a cualquiera que entre con una 'emergencia', incluyendo tos, dolor de cabeza, cutículas infectadas, paro cardíaco, hernia discal lumbar, drogadicción, sobredosis de alcohol, herida de bala, trauma automovilístico, infección positiva del virus de inmunodeficiencia humana (VIH), problema mental o trastorno de personalidad. La definición de emergencia es flexible y suficientemente vaga como para incluir casi cualquier condición. Cualquier paciente que va al ED de un hospital pidiendo cuidado de 'emergencia' debe ser revisado y tratado hasta estar listo para que le den el alta, o estable como para transferirlo —sea o no asegurado, 'documentado' o que pueda pagar. Una mujer en trabajo de parto debe permanecer ahí para dar a luz".[48] "Los EDs de alta tecnología se han degenerado en oficinas médicas gratis. Entre 1993 y 2003, 60 hospitales en California cerraron porque la mitad de sus servicios quedaron sin pagar. Otros 24 hospitales en California están a punto de cerrar. Hasta las ambulancias de México vienen a los EDs estadounidenses con indigentes porque los conductores saben que EMTALA requiere aceptar a pacientes que están *dentro de las 250 yardas del hospital*. El límite geográfico ha incluido muchos juicios".[49]

Estos costos son extremadamente onerosos para los hospitales y los médicos. O se los pasan a los pacientes que tienen seguro o deben ser absorbidos por los hospitales y médicos. Además, la amenaza del resurgimiento de enfermedades es real y seria.

Lo que empeora las cosas es el gobierno de México. El profesor de la Universidad de Columbia, Claudio Lomnitz, arguye que en México "la corrupción también ha jugando un papel central en conservar el privilegio, en mantener a la competencia fuera de mercados específicos, en crear un sector laboral organizado que se encuentra aparte de otros sectores de la clase trabajadora, y en conservar las prerrogativas del linaje".[50] Además, el modelo económico del socialismo centralizado ha llevado a una amplia disparidad de ingresos. Es, por lo tanto, la meta de las autoridades mexicanas exportar a Estados Unidos los soldados rasos de potenciales revoluciones para preservar la cultura de corrupción y privilegio de su sociedad.

Una de las maneras en que se logra esto es mediante la promoción del gobierno mexicano de la idea del *nacionalismo extraterritorial* entre sus ciudadanos —es decir, la noción de que los ciudadanos mexicanos tienen el derecho indígena a grandes franjas de Estados Unidos. El 23 de julio de 1997, el presidente mexicano Ernesto Zedillo declaró: "He afirmado orgullosamente que la nación mexicana se extiende más allá del territorio contenido dentro de sus fronteras [el sudoeste de Estados Unidos] y que los migrantes mexicanos son una parte importante —muy importante— de esta".[51] Esta actitud no está confinada al liderazgo mexicano, sino que es compartida por el país en general. De acuerdo a una encuesta de 2002 conducida por Zogby International, el 58% de los mexicanos está de acuerdo con la declaración "El territorio del sudoeste de Estados Unidos legítimamente le pertenece a México".[52]

Y el gobierno mexicano no está dejando nada al azar. Está interfiriendo agresivamente en los asuntos internos de Estados Unidos. Como escribe Heather Mac Donald: "Los líderes mexicanos han... pedido a los consulados mexicanos en Estados Unidos que difundan la cultura mexicana en las escuelas y comunidades estadounidenses".[53] Hay cuarenta y siete consulados mexicanos en Estados Unidos. Publican guías aconsejando a sus ciudadanos cómo entrar ilegalmente a Estados Unidos y evitar ser detectados. Ayudan a contratar abogados y coordinan con grupos mexicoamericanos para asistir a inmigrantes ilegales en Estados Unidos. Emiten [matrícula] tarjetas consulares "como una manera para que los ilegales obtengan los privilegios que Estados Unidos en general reserva para sus residentes legales. Los consulados comenzaron a hacer *lobby* agresivamente con los bancos y con funcionarios gubernamentales estadounidenses para que acepten las matrículas como identificación válida para licencias de conducir, cuentas corrientes, préstamos hipotecarios y otros beneficios. El único tipo de mexicano que necesitaría dicha identificación es uno ilegal; los residentes legales ya tienen suficiente documentación para sacar una licencia de conducir o abrir una cuenta en el banco…".[54]

Mac Donald agrega: "Desde 1990, México se ha lanzado en una serie de iniciativas para importar la cultura mexicana a Estados Unidos. El plan de desarrollo de cinco años de México en 1995 anunció que la 'nación mexicana extiende… sus fronteras' —dentro de Estados Unidos. Por consiguiente, el gobierno 'fortalecería programas solidarios con las comunidades mexicanas en el exterior al enfatizar sus raíces mexicanas, y apoyaría programas de alfabetismo en español y la enseñanza de la historia, los valores y las tradiciones de nuestro país' ".[55] Parece ser que la población mexicana en Estados Unidos ha recibido el mensaje. En 2001, solo el 34% de mexicanos elegibles se convirtieron en ciudadanos, comparado con el 58% de otros latinoamericanos, 65% de canadienses y europeos y 67% de asiáticos.[56] ¿Qué deduce el Conservador de todo esto? La evidencia de la degradación de la sociedad civil no puede ser ignorada. Una confluencia de políticas gubernamentales, existentes desde hace mucho tiempo y otras más recientes, está transformando la nación en maneras que amenazan su supervivencia. El Estatista, por supuesto, mira por encima del horizonte y ve oportunidad. Los cambios demográficos que él está importando y protegiendo le otorgan poder. Los pobres e incultos realzan la circunscripción electoral y del estado benefactor.

El Estatista encuentra algo en común con el neo-Estatita, que es mejor ejemplificado por la declaración del antiguo candidato republicano a la vicepresidencia Jack Kemp: "Vamos a asegurarnos de que Estados Unidos esté abierto a la inmigración legal porque ahí yacen la riqueza y el talento y las aptitudes empresariales para el siglo XXI".[57] Desde luego, si la inmigración legal enfatizara la riqueza, el talento y las aptitudes empresariales, la sociedad estadounidense sería mejor por ello. En su lugar, enfatiza la ciudadanía por medio del derecho de nacimiento y la migración en cadena y fomenta la inmigración ilegal, lo cual ha llevado al actual estado de anarquía inmigratoria.

Alexander Hamilton escribió que el bienestar de la sociedad depende "esencialmente de la energía de un sentimiento nacional en común, de una uniformidad de principios y costumbres, de la exención de los ciudadanos de la parcialidad y el prejuicio extranjeros, y de ese amor al país que casi siempre se encontrará estrechamente conectado al nacimiento, la educación y la familia".[58] Agregó: "En la composición de la sociedad, la armonía de los ingredientes es de suma importancia, y lo que tienda a ser una mezcla discordante debe tener una tendencia perjudicial".[59]

Para el Conservador, decir que Estados Unidos es una nación de inmigrantes y nada más es fusionar a la sociedad con la inmigración y tratarlos como iguales. No lo son. La inmigración puede contribuir al bienestar de la sociedad, pero también puede contribuir a su deceso. El contrato social es un pacto entre estadounidenses, no estadounidenses y los ciudadanos del mundo. El gobierno americano gobierna por el consentimiento de sus ciudadanos, no por el consentimiento de extranjeros y sus gobiernos. Además, los ciudadanos estadounidenses no son intercambiables por todos los demás ciudadanos, la cultura estadounidense no es intercambiable por todas las otras culturas y el gobierno americano no es intercambiable por todos los otros gobiernos. El propósito de las políticas inmigratorias debe ser preservar y mejorar la sociedad estadounidense.

Por lo tanto, es aún más asombroso que el Estatista y el neo-Estatista casi logren radical y permanentemente alterar "la armo-nía de los ingredientes" en la sociedad estadounidense cuando, en 2006, propusieron la llamada Ley Exhaustiva de Reforma Inmi-gratoria (Comprehensive Immigration Reform Act o CIRA), que, de acuerdo con la Fundación Heritage, no solo le hubiera otorgado la amnistía a millones de inmigrantes ilegales, sino que hubiera permitido que alrededor de 103 millones de residentes legales pudieran migrar a Estados Unidos durante los siguientes veinte años.[60] ¿Cómo? El gran aumento en el número de residen-tes legales y la amnistía a inmigrantes ilegales, sumados a la migra-ción en cadena y la ciudadanía por derecho de nacimiento, hubieran aumentado drástica y rápidamente el número de nuevos inmigrantes legales y la totalidad de la población de la nación. Además, los esfuerzos futuros para limitar la inmigración hubie-ran sido extremadamente difíciles por la enorme influencia elec-toral que ejercería una población étnica tan importante y mayormente sin asimilar. Pero la derrota de CIRA es probable-mente temporal, ya que el presidente Obama promete firmarla, o algo parecido, si llega a su escritorio.

El Estatista ha estado acostumbrado a establecer la política in-migratoria sin aviso del pueblo estadounidense. Pero el pueblo ahora es testigo de los eventos y los costos asociados con el actual estado inmigratorio en sus propias comunidades. Han dejado en claro que quieren algo de orden en este caos. Las pruebas y la cau-tela guían las prioridades del Conservador, las cuales incluyen ase-gurar las fronteras para evitar que no solo los inmigrantes ilegales crucen la frontera, sino también los criminales y terroristas; hacer cumplir las leyes inmigratorias actuales, incluyendo multar y procesar a las empresas que contratan inmigrantes ilegales, deportar a los nuevos ilegales detenidos y deportar a los ilegales que rebasan sus visas; negarle fondos federales a las ciudades de asilo por contribuir con el comportamiento anárquico; la promoción del inglés y la asimilación en todas las instituciones de la nación, en vez del bilingüismo y el multiculturalismo; limitar el número de extranjeros que entran al país, permitir una asimilación factible; negar casi todos los servicios sociales a los inmigrantes ilegales para disuadir su migración a Estados Unidos; revocar la interferencia de México en los asuntos internos de la nación; y eliminar la migración en cadena y la ciudadanía por derecho de nacimiento, lo cual pone los deseos del extranjero antes que el bienestar de la sociedad.

Como es su práctica, el Estatista usa tácticas planeadas para proscribir el debate. Aquellos que discrepan de sus políticas inmigratorias a menudo son caracterizados como nativistas, xenófobos o hasta racistas. Pero el buen ciudadano contribuye a la cohesión de la sociedad civil —por su propio beneficio y el de la sociedad. Y espera que su gobierno haga lo mismo. Hasta el punto en que la inmigración se pueda aplicar a ese propósito, es deseable. Cuando no se puede, destruye esos fines.

10

SOBRE EL INSTINTO DE SUPERVIVENCIA

EL CONSERVADOR CREE QUE el imperativo moral de toda política pública debe ser la preservación y el mejoramiento de la sociedad estadounidense. Asimismo, la meta de la política exterior estadounidense debe ser igual.

Los fundadores reconocieron que Estados Unidos tenía que ser política, cultural y militarmente fuerte para sobrevivir y prosperar en un ambiente global complejo y en constante cambio, no solo en aquel tiempo sino siempre. La historia lo demuestra. Después de la Guerra de la Revolución, los Fundadores se dieron cuenta de que la Confederación era inadecuada para conducir asuntos exteriores, dado que cada estado tenía la libertad para actuar por su cuenta. No podría haber una política de seguridad nacional coherente porque no había un ejército permanente y, al final, cada estado era responsable de su propia defensa. La economía de la nación era vulnerable a piratas que aterrorizaban al tráfico marítimo del transatlántico y, por lo tanto, inhibían el comercio. Y el imperio inglés y español eran amenazas en ciernes.

La autoridad del gobierno nacional para empezar y mantener un ejército permanente y usar el poder militar dentro de la estructura de un sistema republicano fue uno de los primeros temas abordados por los Redactores cuando presentaron la Constitución final a los estados para su ratificación. Después de revisar una letanía de intereses y conflictos europeos en Norteamérica, John Jay escribió en "Federalist 4": "El pueblo de Estados Unidos es consciente de que pueden surgir provocaciones para la guerra de estas circunstancias, así como de otras no tan obvias ahora, y que cuando sea que estas provocaciones encuentren un momento y una oportunidad para operar, no faltarán pretextos para pintarlas y justificarlas. Por lo tanto, sabiamente, consideran la unión y un buen gobierno nacional algo necesario para ponerlos y mantenerlos en una situación donde, en vez de invitar a la guerra, intentarán reprimir y desalentarla. La situación consiste en el mejor estado de defensa posible, y necesariamente depende del gobierno, las armas y los recursos del país".[1] En efecto, uno de los propósitos declarados de la Constitución es "proveer una defensa en común".[2]

Los Redactores comprendieron los propósitos complementarios de la política interior y exterior. El Discurso de Despedida de George Washington de 1796 a menudo es malinterpretado como una proclamación al aislacionismo. Esto ignora su contexto histórico. En su momento, Washington estaba preocupado por la propia supervivencia de la joven nación. El discurso llama a la cautela —no solo en los negocios y las relaciones con estados extranjeros, sino en asuntos que amenazan la unidad nacional.

En su discurso, Washington advirtió contra las influencias de las pasiones populares al establecer alianzas permanentes o generales con, o prejuicios en contra de, cualquier poder extranjero. Emitió su advertencia porque el público estadounidense estaba profundamente dividido en su sentimiento relacionado con los poderes europeos que estaban en guerra. Los partidos políticos nacientes, los federalistas y los anti-federalistas (o demócratas-republicanos), se estaban uniendo con respecto al apoyo a diferentes países —los federalistas a Inglaterra y los anti-federalistas a Francia. Durante su presidencia, Washington intentó mantener un camino de neutralidad estricta entre ambos países mientras promovía relaciones comerciales y vigorosos negocios con ambos lados del conflicto.[3] El discurso deja en claro que lo hizo, no porque la neutralidad fuese un fin en sí mismo, sino porque temía que tomar partido pudiera dividir al país.[4]

Washington también creía que la supervivencia de la nación requería una fuerte defensa nacional. En su primer mensaje anual al Congreso, el 8 de enero de 1790, a solo ocho meses de asumir el poder, Washington dijo: "Entre los muchos objetos interesantes que les llamarán la atención, el de proveer la defensa común merecerá una atención especial. Estar preparado para la guerra es una de las maneras más eficaces de preservar la paz".[5] En su quinto mensaje anual, el 3 de diciembre de 1793, Washington ofreció una elaboración más fuerte e importante de este principio: "Hay un rango que se le debe a Estados Unidos entre las naciones que se le negará, si no es que lo pierde por completo, por la reputación de debilidad. Si deseamos evitar el insulto, debemos ahuyentarlo; si deseamos garantizar la paz, uno de los instrumentos más poderosos de nuestra creciente prosperidad, se debe saber que en todo momento estamos listos para la guerra".[6]

Pero pocos sabían mejor que Washington que Estados Unidos debía establecer alianzas que tienen como propósito la protección y el bienestar de la nación. Sin la ayuda material y el apoyo militar crucial de Francia (y otras naciones), la decisiva Batalla de Yorktown y quizá la Guerra de la Revolución misma se podrían haber perdido. Washington no era ni aislacionista ni intervencionista. Sí, Washington se mostraba escéptico con respecto a las alianzas, pero cuando se trataba de los intereses de Estados Unidos, las hizo. Washington prefería la diplomacia ante la guerra, pero sabía que a veces la guerra era inevitable. De palabra y acciones, como general, presidente y estadista, Washington pasó su vida pública buscando la preservación y el mejoramiento de la sociedad estadounidense. El ejemplo de Washington es, por ende, la flexibilidad de los medios para alcanzar el fin inmutable: la seguridad nacional.

De acuerdo con Washington, el socio superior del Instituto Claremont y profesor de la Universidad de Dallas, Thomas West, escribe: "Para los Fundadores, las políticas exterior e interior debían servir el mismo propósito: la seguridad del pueblo en su persona y propiedad. Por lo tanto, la política exterior fue concebida principalmente como defensiva. El ataque del exterior iba a ser disuadido al tener armas fuertes o al ser rechazado por la fuerza. Se debía entrar en las alianzas sabiendo que una nación autónoma debe mantenerse fuera de las discusiones entre otras naciones, a menos que sea necesario para su defensa nacional. El gobierno no tenía derecho de gastar los impuestos o las vidas de sus propios ciudadanos para extender la democracia a otras naciones o para comprometerse en iniciativas apuntando a la hegemonía imperialista".[7]

West también estaba de acuerdo, sin embargo, con que una política exterior defensiva no excluye la necesidad de la acción preventiva. En 1787, James Wilson, un Fundador prominente, rechazó el argumento de que Estados Unidos debía esperar a ser atacado para ejercer el poder militar y se burló de los que proponían esta noción: "Cualquiera sea la provocación, cuan importante sea el objeto a la vista y cuan necesario sean el despacho y el secreto, de todas formas la declaración debe preceder a la preparación, y el enemigo será informado de las intenciones de ustedes, no solo antes de ustedes estar listos para un ataque, sino hasta antes de estar fortificados para una defensa. La consecuencia es demasiado obvia para requerir más explicación".[8] Desde luego, hay ocasiones en que Estados Unidos ha sufrido profundamente, incluyendo el 11 de septiembre, por no actuar de manera preventiva. Además, en la edad de regímenes rebeldes en busca de armas nucleares, hay ocasiones claras en donde es prudente la prevención. Para un gobierno, ser irresoluto frente a una amenaza creciente o inminente para su ciudadanía es suicida.

¿Y qué hay de la noción de extender la democracia a otras naciones, que de una manera u otra parece ser parte de la estrategia de las administraciones recientes de ambos partidos políticos?

En 2005, el columnista George Will le hizo la pregunta a William F. Buckley, Jr., en cuanto a la guerra en Irak.

Will: Hoy, tenemos una política exterior muy diferente… Y la premisa de la doctrina de Bush es que Estados Unidos debe extender la democracia porque de eso depende nuestra seguridad nacional. Y Estados Unidos puede extender la democracia. Sabe cómo hacerlo. Puede comprometerse para construir naciones. ¿Es esto conservador o no?

BUCKLEY: No es nada conservador. Es todo lo contrario a conservador. No es conservador en la medida en que el conservadurismo no invita a desafíos innecesarios. Insiste en aceptar al mundo como es, y en la noción de que con tan solo afirmar estos altos ideales podemos afectar sistemas altamente arraigados.

WILL: Pero algo extraño está ocurriendo en el conservadurismo. Y tenemos un presidente [George W. Bush] y una administración que claramente es conservadora, aceptada así, pero está construyendo naciones en Medio Oriente. Y el conservadurismo parece estar diciendo que el gobierno no puede dirigir Amtrak pero sí puede dirigir el Medio Oriente...

BUCKLEY: La ambición del conservadurismo... bien se extiende a decir [que] donde no hay derechos humanos, no es una sociedad que realmente puedo respetar. Es imposible dibujar un patrón que nos brinde una sensación ordenada de "envíen la democracia allá", pero dejen que esto otro siga así por un rato. Uno reconoce que no puedes exportar la democracia a todas partes simultáneamente.[9]

Will y Buckley estaban enfocados en si la construcción de naciones cuadra con la teoría conservadora y no en si la construcción de naciones, en este caso, le sirve a los intereses de seguridad nacional de Estados Unidos. Ciertamente Estados Unidos no puede exportar la democracia a todas partes simultáneamente, ni debe intentar hacerlo. Por un lado, es impráctico. Hay culturas y regímenes que no son receptivos hacia tales propuestas. Además, la pérdida de vidas estadounidenses y los enormes costos financieros en la persecución de fines tan poco realistas amenazarían la preservación y el mejoramiento de la sociedad estadounidense. Desmoralizaría a la población y la insensibilizaría a las verdaderas amenazas que ponen en peligro a la sociedad.

Sin embargo, hay ocasiones en las que la construcción de la democracia es prudente. El programa de recuperación europea, mejor conocido como el Plan Marshall de 1948, tenía entre sus propósitos la fomentación y preservación de la democracia a través de la provisión de miles de millones de dólares en ayuda económica y militar para varias naciones europeas derrotadas en la Segunda Guerra Mundial. Entre otras cosas, ayudaría, y ayudó, a repeler la extensión del comunismo soviético en lo que quedaba de la Europa libre, lo cual claramente estaba en los intereses de Estados Unidos. Más recientemente, mientras que la democracia no se establezca en Afganistán a largo plazo, todavía es un objetivo totalmente sensato, dado el vacío que fue llenado por el los talibanes y al-Qaeda como secuelas de la derrota de la Unión Soviética en ese país y la desvinculación posterior de Estados Unidos. La clave es que estas decisiones nunca deben estar motivadas por el utopismo o el imperialismo, sino por las circunstancias actuales que requieren la defensa de Estados Unidos contra verdaderas amenazas.

En cuanto a Iraq, el intercambio entre Will y Buckley sugiere que la oposición de ambos hacia la guerra era una crítica mayor de una doctrina percibida que requería la imposición de la democracia a nivel mundial —aunque Will también ha llamado a Irak una "guerra de elección".[10] Estados Unidos ha participado en guerras de elección en el pasado, incluyendo en el siglo XIX cuando, bajo la pancarta de Destino Manifiesto, el gobierno de Estados Unidos aumentó el territorio estadounidense con amenazas militares para incluir al Sudoeste, el Oeste y el Noroeste del Pacífico. La expansión de las fronteras contiguas de la nación ha, sin duda, mejorado la sociedad estadounidense. Mientras Estados Unidos se puede haber sentido amenazado por Inglaterra, México y otros países que controlaban estos territorios, el hecho es que la nación estaba decidida a expandirse.

Si la guerra en Irak se interpreta como un esfuerzo para derrotar un régimen hostil que amenaza tanto a los aliados de Estados Unidos y los intereses en la región, la guerra y los intentos posteriores de un gobierno democrático en ese país se pueden justificar como consistentes con los principios fundadores y conservadores. En efecto, desde el intercambio entre Will y Buckley, cuando parecía para algunos que la victoria en Irak sería difícil de alcanzar, los cambios en las estrategias militares y políticas mejoraron dramáticamente la situación. Estados Unidos y sus aliados ya no enfrentan la posibilidad de un Irak nuclear bajo el mando de un megalómano. Desde luego, Irak no es necesariamente un modelo para compromisos futuros, pero tampoco se puede descartar fácilmente como no razonable e imprudente. El Irak de Saddam tenía una historia de comportamiento agresivo en contra del aliado de Estados Unidos, Kuwait (y amenazaba a Arabia Saudita), y había activamente buscado armas nucleares (como el reactor nuclear Osirak de Irak, destruido en Israel en 1981). Por ahora, al menos, es una amenaza menos para los aliados y los intereses estadounidenses.

Por el contrario, Estados Unidos hizo, hará y debe hacer alianzas con regímenes no democráticos y hasta con antiguos enemigos si, bajo las condiciones justas, eso ayuda a preservar y mejorar la sociedad estadounidense. Durante la Segunda Guerra Mundial,

Estados Unidos se alió con la Unión Soviética para derrotar a los poderes del Eje, incluyendo a la Alemania nazi. La Unión Soviética bajo el mando de Joseph Stalin era un régimen genocida e imperialista. Pero estaba en riesgo la supervivencia de Estados Unidos. Y, de hecho, la alianza preservó a la nación. Luego de la Segunda Guerra Mundial, la Unión Soviética fue la amenaza más grande para Estados Unidos. Cuando el presidente Jimmy Carter basó su política exterior en avanzar los derechos humanos a nivel mundial, no solo llevó al expansionismo soviético en Afganistán, África y Latinoamérica, sino que derrumbó al Shah de Irán —un aliado de hacía mucho tiempo de Estados Unidos— y catalizó el movimiento fundamentalista islámico a través de Medio Oriente. Hoy en día no existe la Unión Soviética (aunque Rusia sigue siendo una amenaza), pero el régimen islámico en Irán está a punto de adquirir armas nucleares y es la fuerza de más desestabilización en Medio Oriente. La fomentación de democracia o derechos humanos es sensata solo cuando tiene en cuenta los intereses de Estados Unidos.

El Conservador cree que los derechos inalienables están ligados a todos los seres humanos, pero no es necesariamente la responsabilidad de Estados Unidos hacer cumplir esos derechos. ¿Por qué lo sería? Sin embargo, también cree que hay momentos en que el mal cometido por un régimen es tan espantoso que ignorarlo rompe con el núcleo moral de la sociedad civil estadounidense. Aunque no puede haber una sola doctrina que defina los elementos de acción o inacción en cada caso, una vez más, la cautela debe dictar si y cuándo el costo de vidas y tesoros estadounidenses valen la intervención bajo estos principios.

El Conservador no busca una adhesión rígida a medidas específicas: neutralidad o alianza, guerra preventiva o una postura defensiva, construcción de naciones o golpe militar limitado. El punto de referencia, nuevamente, es si el camino específico servirá los intereses de la nación. Es difícil imaginar una teoría bajo la cual una sociedad podría, de otra manera, sobrevivir. En efecto, la Doctrina Monroe de 1823 y sus varias iteraciones desde entonces hoy representan la propuesta de que Estados Unidos no tolerará amenazas contra su supervivencia, sea en el hemisferio oeste o cualquier parte del mundo.

Sin embargo, para el Estatista, la política exterior de Estados Unidos es otra oportunidad para realizar su propia autoridad a expensas de la sociedad civil. En 2007, el aquel entonces senador Barack Obama estableció sus puntos de vista al Consejo de Chicago sobre Asuntos Globales (Chicago Council on Global Affairs):

En el mundo globalizado de hoy, la seguridad del pueblo estadounidense está inextricablemente ligada a la seguridad de todos los pueblos. Cuando el narcotráfico y la corrupción amenazan la democracia en Latinoamérica, también es problema de Estados Unidos. Cuando a aldeanos pobres de Indonesia no les queda más opción que enviar aves al mercado que están infectadas con la gripe aviar, no se puede ver como una preocupación lejana. Cuando escuelas religiosas en Pakistán le enseñan odio a los niños, nuestros niños también se ven amenazados.

No importa si es terrorismo global o una enfermedad pandémica, un cambio dramático de clima o la proliferación de armas de aniquilación masiva, las amenazas que enfrentamos en el albor del siglo XXI ya no pueden ser contenidas por fronteras y límites…

Y *Estados Unidos debe liderar estrechando el brazo hacia todas esas vidas desconectadas y desesperadas en los rincones olvidados del mundo* —porque, aunque siempre estarán aquellos que sucumben al odio y se atan bombas al cuerpo, hay millones más que quieren tomar otro camino— *que desean que nuestra luz de esperanza ilumine sus caminos...*

[Otra manera en la que] Estados Unidos liderará nuevamente es invirtiendo en nuestra humanidad común —para asegurar que aquellos que viven con miedo y necesidades hoy puedan vivir con dignidad y oportunidad mañana.

Hemos oído mucho durante los últimos seis años sobre cómo el propósito más grande de Estados Unidos es fomentar la extensión de la libertad —que es el anhelo de todos los que viven bajo la sombra de la tiranía y la desesperación.

Estoy de acuerdo. Pero este anhelo no se satisface al simplemente deponer a un dictador y montar una urna. El verdadero deseo de la humanidad es no solo vivir vidas libres, sino vidas marcadas por la dignidad y la oportunidad; por la seguridad y la simple justicia.

Cumplir con estas aspiraciones universales requiere un sustento básico como la comida y el agua potable; la medicina y el refugio. También requiere una sociedad que está apoyada por los pilares de una democracia sustentable —una legislatura fuerte, una judicatura independiente, la ley, una sociedad civil vibrante, una prensa libre y una fuerza policial honesta. Requiere construir la capacidad de los estados más débiles del mundo y proveerlos con lo que necesiten para reducir la pobreza, construir comunidades saludables y educadas, desarrollar mercados y generar riqueza. Y requiere de estados que tienen la capacidad para pelear contra el terrorismo, frenar la proliferación de armas letales y construir estructuras de asistencia médica necesarias para prevenir y tratar enfermedades mortales como el VIH/SIDA y la malaria...

Pero si el próximo presidente puede restaurar la confianza del pueblo estadounidense —si este pueblo sabe que él o ella está actuando con el interés de todos en el corazón, con cautela y sabiduría y algo de humildad— entonces creo que el pueblo estadounidense estará listo para que Estados Unidos lidere otra vez.[11]

Varios elementos de la visión global de Obama deben ser discutidos. Cuando dice, "la seguridad del pueblo estadounidense está inextricablemente ligada a la seguridad de todos los pueblos", ¿qué quiere decir con "la seguridad de todos los pueblos"? ¿Cómo está la seguridad de Estados Unidos, en todos los casos, relacionada con la seguridad de ellos? Claramente no lo está. Y si un régimen se niega a asegurar para su pueblo aquello que Estados Unidos cree debería hacer, ¿entonces qué? Además, ¿acaso no hay momentos en los que la seguridad de otros pueblos puede entrar en conflicto con la seguridad de Estados Unidos?

"Y Estados Unidos debe liderar estrechando el brazo hacia todas esas vidas desconectadas y desesperadas en los rincones olvidados del mundo".

¿Qué significa vivir una vida desconectada y desesperada? Si entre los desconectados, por ejemplo, están las millones de personas famélicas bajo la mano dura del comunismo de Corea del Norte, ¿cómo deben los estadounidenses estrecharles el brazo? Pero "vidas desconectadas y desesperadas" parece significar mucho más que la negación de libertad a pueblos en rincones olvidados del mundo. Es una actitud mesiánica que no se basa en la realidad.

"*[Otra manera en la que] Estados Unidos liderará nuevamente es invirtiendo en nuestra humanidad común —para asegurar que aquellos que viven con miedo y necesidades hoy puedan vivir con dignidad y oportunidad mañana*".

¿Estados Unidos invertirá qué y dónde? ¿Y cómo puede Estados Unidos asegurar que la gente, digamos, en Zimbabue y miles de otros lugares pueda vivir con dignidad y oportunidad? ¿Y tal propósito o misión excluye a Irak, donde Saddam Hussein aterrorizaba y brutalizaba a grandes segmentos de la población iraquí? Y si no, ¿por qué no?

"*Cumplir con estas aspiraciones universales requiere un sustento básico como la comida y el agua potable; la medicina y el refugio. También requiere una sociedad que está apoyada por los pilares de una democracia sustentable —una legislatura fuerte, una judicatura independiente, la ley, una sociedad civil vibrante, una prensa libre y una fuerza policial honesta. Requiere construir la capacidad de los estados más débiles del mundo y proveerlos con lo que necesiten para reducir la pobreza, construir comunidades saludables y educadas, desarrollar mercados y generar riqueza*".

¿Y cómo se lograrán estas cosas? No hay entendimiento para la variedad de obstáculos complicados y complejos —tanto dentro de Estados Unidos como en otros países— que habría que sobrepasar, porque son demasiado numerosos para hacer tangibles y demasiado onerosos para lograr. Además, si el gobierno le pidiera a los estadounidenses que dieran de su trabajo, tesoro y vidas para perseguir lo inalcanzable —una sociedad civil global imaginada—, Estados Unidos no sobreviviría ni podría mejorar.

"Pero si el próximo presidente puede restaurar la confianza del pueblo estadounidense —si este pueblo sabe que él o ella está actuando con el interés de todos en el corazón, con cautela y sabiduría y algo de humildad— entonces creo que el pueblo estadounidense estará listo para que Estados Unidos lidere otra vez".

¿Cómo restauraría esto la confianza del pueblo estadounidense, y en quién y en qué? ¿Cómo es que comprometiéndolo a una tarea asombrosamente irreal se consideran sus intereses? ¿Dónde están la cautela y la sabiduría en una exageración tan imprudente de las posibilidades humanas, que ignora por completo la historia y la experiencia del hombre?

En realidad, el Estatista no es ni será exitoso ni en sus promesas de política exterior ni en las de política interna. El utopismo internacional no tiene mejores posibilidades que su marca local.

Pero con todas sus palabras sobre Estados Unidos cambiando el mundo, el Estatista no habla de la soberanía estadounidense, sino de "la ciudadanía global".[12] No habla de Estados Unidos como un estado nación, sino como una nación entre muchas. En vez de mantener su estatus de superpoder y actuar motivado por sus intereses, Estados Unidos debería renunciar a la posición que se ganó con gran esfuerzo a favor de un poder multilateral compartiendo y manejando la política exterior —incluyendo las decisiones sobre acción militar para su propia defensa— a través de coaliciones y organizaciones internacionales. De esta manera, los intereses de Estados Unidos están incluidos y contenidos por los supuestos intereses del todo. Y el resto del mundo mirará con aprobación hacia

Estados Unidos por darle poder a otros países para participar en la toma de decisiones del destino de Estados Unidos.

El Estatista busca tratados no para preservar y mejorar la sociedad estadounidense, sino para comprometer a Estados Unidos en una forma de conducta que no es fácilmente reversible con el cambio de administraciones. Se comprometerá con tratados que incluyen la Convención sobre los Derechos del Niño (Convention on the Rights of the Child), (firmado en 1995 pero no ratificado dada la soberanía y otras preocupaciones); la Convención sobre Todas las Formas de Discriminación Contra las Mujeres (Convention on All Forms of Discrimination Against Women), (el cual el Senado se negó a ratificar desde que el presidente Carter lo firmó en 1980); el Tratado de Prohibición Completa de los Ensayos Nucleares (Comprehensive Test Ban Treaty), (firmado por Clinton en 1996, rechazado por el Senado en 1999); el Protocolo Kyoto sobre el cambio climático (firmado por Clinton en 1998 pero nunca ratificado; Bush lo retiró en 2001);[13] la Convención sobre la Ley del Mar (Convention on the Law of the Sea), (que limitaría las operaciones comerciales y militares estadounidenses, pero el Senado no lo ha tomado); y la Corte Criminal Internacional (al que Estados Unidos no se ha unido). En cada instancia, las decisiones se harán a través de burocracias internacionales que no tienen como imperativo moral la preservación y el mejoramiento de la sociedad estadounidense. Esta es una táctica peligrosa.

Los adversarios y enemigos de Estados Unidos no se consideran ciudadanos globales. Ni están limitados por sensibilidades y arreglos internacionales. Una Rusia renaciente, una China agresiva, los crecientes movimientos comunistas en Latinoamérica, regímenes rebeldes en Corea del Norte e Irán, el terrorismo islámico, por nombrar algunos, todos rechazan la utopía del Estatista como una debilidad para ser explotada. No están motivados por la opinión del mundo sino por sus propios deseos. Buscan ventajas —económicas y militares— estratégicas. Por ejemplo, mientras China cierra contratos petroleros con países en África y Latinoamérica, y Rusia se atribuye el Polo Norte para expandir su acceso al petróleo crudo, el Estatista afirma que Estados Unidos es "5% de la población del mundo, [pero] consume una cuarta parte de la energía del mundo",[14] sugiriendo que Estados Unidos debería hacerse más pobre para que el resto del mundo se haga más rico. El Estatista cree que los americanos son glotones y derrochadores, tomando del mundo lo que les pertenece a otros, mientras que el Conservador cree que los estadounidenses son exitosos y productivos, contribuyendo a su propia preservación y mejoramiento. Estados Unidos también produce y ofrece bienes y servicios para el resto del mundo, de esa manera mejorando su gente. Además, muchos otros países son incapaces de acceder o utilizar los recursos enérgicos como resultado de sus propios gobiernos, culturas y sociedades.

A pesar del discurso altanero del Estatista sobre la ciudadanía global, en práctica él protege si no es que aumenta su posición doméstica si logra retener la autoridad para actuar sobre el escenario mundial. Por lo tanto, se opone al mercado libre, porque alienaría a su circunscripción sindicalista, que ve al proteccionismo como una seguridad laboral. Se opone al uso de DDT para erradicar enfermedades en los lugares más empobrecidos del mundo, para tranquilizar a sus acólitos medioambientales, para quienes el DDT es una causa célebre. El Estatista guardará de la comunidad internacional facciones dentro de la sociedad estadounidense que él considera esenciales para su autoridad. El Conservador, por otro lado, limitará o prevendrá la provisión de ciertas tecnologías y conocimientos a regímenes hostiles (a través de mecanismos como el control de la exportación), limitando así el mercado libre con esos regímenes, no para beneficiar una circunscripción favorecida o realzar su propia autoridad, sino para preservar la seguridad de Estados Unidos —que, a su vez, preserva el mercado libre en general.

El Estatista también usa la idea de la ciudadanía global para denigrar la efectividad de los esfuerzos de guerra que él no lidera y agitar al público en contra de los oponentes políticos. En efecto, el Estatista adopta el lenguaje y las tácticas de los adversarios de Estados Unidos al criticar las políticas estadounidenses de seguridad del exterior y nacional. Por ejemplo, en la guerra contra el terrorismo, Estados Unidos ha sido acusado por varios países, autonombrados grupos de derechos humanos, burócratas internacionales y Estatistas domésticos de usar tortura en la interrogación y detención de los terroristas de al-Qaeda. Estos críticos han atacado metodologías sumamente importantes, aunque raramente usadas, para asegurar la inteligencia y neutralizar al enemigo como violaciones de los derechos humanos de los terroristas —incluyendo la tortura submarino, que simula el ahogamiento. La técnica ahora ha sido bloqueada, pero solo fue usada con tres terroristas: Khalid Sheik Mohammed, el cerebro del 11 de septiembre; Abu Zubaydah, el jefe de operaciones de Osama bin Laden; y Abd al-Rahim al-Nashiri, quien según el gobierno coordinó el ataque al USS *Cole*. La técnica supuestamente llevó a asegurar información importante que previno docenas de ataques planeados por al-Qaeda.[15] El Estatista ha logrado calificar algo como tortura cuando no es tortura, con el propósito de prohibir hasta su uso juicioso. ¿Cómo se puede defender a nivel moral la prohibición del submarino —lo cual Barack Obama hizo como una de sus primeras acciones como presidente— cuando unos minutos de ahogamiento simulado aplicado en contra del líder de operaciones del 11 de septiembre, según informan, salvó un número incalculable de vidas estadounidenses?

Hasta la detención de terroristas de al-Qaeda en la bahía de Guantánamo, Cuba, bajo los ojos vigilantes de los medios, grupos antiguerra, abogados defensores y políticos estatistas que han visitado el centro de detención durante un período de años se ha vuelto controversial. El presidente Obama también emitió una orden ejecutiva que cerrará las instalaciones dentro de un año de asumir su cargo. Y la insistencia de tratar a los terroristas detenidos como soldados bajo una ley internacional (la Convención de Ginebra),[16] que específicamente los excluye de tal designación dado que están peleando una guerra ilegalmente, y también tratarlos prácticamente como ciudadanos estadounidenses para aplicar el juicio justo, a lo constitucional, para determinar sus destinos, desafía precedentes legales e históricos. ¿Cómo se beneficia la sociedad estadounidense de estos enfoques? Los terroristas, que en sus comienzos fueron piratas, nunca han sido considerados equiparables a las fuerzas armadas regulares por ningún presidente hasta ahora. Otorgarles nuevos derechos a los terroristas, lo cual hace que su barbarie sea más difícil de frenar y su plan más difícil de descubrir, no es justificable a nivel moral.

Mientras le da más poderes al terrorista con nuevos derechos, y así incrementa la amenaza contra estadounidenses, el Estatista declara violaciones de las libertades civiles estadounidenses con la ratificación de la Ley Patriota (Patriot Act) después del 11 de septiembre. Como ha explicado el antiguo fiscal querellante de terroristas Andrew McCarthy, la ley "quita obstáculos que por años han prevenido que la policía y el contraespionaje del gobierno reúnan información para confrontar a la amenaza terrorista. [Y] conduce varias técnicas establecidas hace tiempo hacia la era tecnológica del siglo XXI, aplicándolas contra el terrorismo con la misma efectividad que han demostrado con el tiempo en erradicar crímenes mucho menos atroces, como el narcotráfico y el fraude de asistencia médica". La ley también provee una revisión judicial en cada etapa importante.[17] El Estatista se ha opuesto a la intercepción de comunicaciones del enemigo, como el correo electrónico y los contactos de los teléfonos celulares, sin aprobación de la corte, lo cual va en contra de todo precedente legal, práctica histórica y es sumamente impráctico, dado el ritmo con el que ocurren dichas comunicaciones —nuevamente reclamando amenazas en contra de las libertades civiles estadounidenses. ¿Dónde está la *verdadera* prueba de estos amplios abusos de las libertades civiles en contra de los ciudadanos estadounidenses? Es inexistente.

La guerra contra el terrorismo requiere infiltración, intercepción, detención e interrogación, todo lo cual apunta a *prevenir* otro ataque catastrófico contra los ciudadanos estadounidenses dentro de Estados Unidos y de soldados estadounidenses en el campo de batalla. La mezcla de leyes y políticas instituidas por el presidente George W. Bush después del 11 de septiembre, que tienen como intención proteger a la sociedad estadounidense de amenazas mortales, de hecho, logró asegurar los derechos inalienables del pueblo estadounidense dentro de la estructura de la Constitución. El Estatista sabe esto, pero es intolerante del liderazgo exitoso de los demás, ya que retrasa su propia supremacía. Debe denigrar a aquellos que lo obstruyen. Y una vez en el poder, su umbral para las verdaderas violaciones de las libertades civiles a menudo baja.

Durante la Segunda Guerra Mundial, el presidente Franklin Roosevelt ordenó el internamiento inhumano de 110.000 japoneses-americanos, que fue sostenido por una Corte Suprema activista.[18] Roosevelt sigue estando entre los líderes más adorados por el Estatista, y la Corte entre sus instituciones más veneradas. Cuando Robert Kennedy sirvió como ministro de justicia de Estados Unidos en la década de los sesenta, no hizo nada para frenar el espionaje ilegal del teléfono de Martin Luther King, Jr., por el FBI.[19] Hoy en día, el edificio del Departamento de Justicia federal lleva su nombre. Bajo el mando del presidente Bill Clinton, la Agencia de Seguridad Nacional lanzó un programa de vigilancia Echelon, en donde el gobierno estadounidense regularmente intercepta correo electrónico, llamadas y comunicaciones por fax internacionales de ciudadanos y terroristas por igual.[20] Prácticamente no llamó la atención de los autonombrados grupos civiles libertarios.

Para el Conservador, no hay duda de que los esfuerzos incesantes del Estatista por criminalizar la guerra —al arrastrar decisiones estratégicas y operacionales a la corte, donde activistas judiciales inexpertos dudan del presidente elegido y de sus expertos militares y de inteligencia— harán mucho más difícil asegurar a la nación de futuros ataques. El punto hasta el cual el Estatista está dispuesto a llegar para exponer a la nación a amenazas externas conocidas durante un tiempo de guerra demuestra el fanatismo con el que ahora persigue sus ambiciones.

NOTAS

Prólogo: Un manifiesto conservador

1 Candy Crowley entrevista con George W. Bush, "Bush on Economy, Iraq, Legacy," CNN, 16 de dic. de 2008, http://www.cnn .com/video/#/video/politics/2008/12/16/intv.crowley.bush.long.cnn ?iref=videosearch.

2 Avalon Project disponible en http://avalon.law.yale.edu/

3 Atlas Economic Research Foundation disponible en http://www .atlasusa.org/V2/main/page.php?page_id=385

4 National Archives and Records Administration, Ronald Reagan, "Remarks at a Conservative Political Action Conference Dinner," 26 de feb. de 1982, Public Papers of Ronald Reagan, Ronald Reagan Presidential Library, http://www.reagan.utexas .edu/archives/speeches/1982/22682b.htm.

5 Vea Milton y Rose Friedman, *Free to Choose: A Personal Statement* (New York: Harcourt, 1980), Appendix B.

6 Ronald Reagan, "Encroaching Control (The Peril of Ever Expan-

ding Government)," A *Time for Choosing: The Speeches of Ronald Reagan 1961–1982*, ed. Alfred A. Baltizer y Gerald M. Bonetto (Chicago: Regnery, 1983), 38.

1: Sobre la libertad y la tiranía

1 Adam Smith, *An Inquiry into the Nature and Causes of the Wealth of Nations* (New York: Collier, 1937).
2 Russell Kirk construido "Ten Principles of Conservatism," consistiendo de sus propios pensamientos y tomando prestados los de otros. Vale la pena leerlo. Russell Kirk, "Ten Conservative Principles" (adaptado de Russell Kirk, *The Politics of Prudence* [Chicago: ISI Books, 1993]), Russell Kirk Center, http://permanentthings .com/kirk/ten-principles.html.
3 Leo Strauss, *The City and Man* (Chicago: University of Chicago Press, 1978), 6.
4 Alexis de Tocqueville, *Democracy in America* (New York: Penguin, 2003).
5 U.S. Constitution, Preamble.
6 James Madison, Alexander Hamilton, y John Jay, *The Federalist Papers* (New York: Penguin, 1987), 319–20.
7 Michael J. Gerson, *Heroic Conservatism: Why Republicans Need to Embrace America's Ideals (And Why They Deserve to Fail if They Don't)* (New York: HarperCollins, 2007), 16.
8 William Kristol y David Brooks, "What Ails Conservatism," *Wall Street Journal*, Sept. 15, 1997, A22.

2: SOBRE LA CAUTELA Y EL PROGRESO

1 Edmund Burke, *Reflections on the Revolution in France*, ed. Frank
   M. Turner (New Haven, Conn.: Yale University Press, 2003), 19.

2 Peter James Stanlis, *Edmund Burke: The Enlightenment and Revo-
   lution* (Edison, NJ: Transaction, 1991), 213, citando a Edmund
   Burke, "A Letter to a Noble Lord," *Works*, vol. 5 (Boston: Little,
   Brown, 1904), 186.

3 Ibid.

4 Burke, *Reflections on the Revolution in France*, 81.

5 Mark Zaretsky, "Senator Cites Kennedy Brothers For Their Inspi-
   ration," *New Haven Register*, 26 de mayo de 2008.

6 Raymond Aron, *The Opium of the Intellectuals* (New Brunswick,
   N.J.: Transaction, 2007), 240–41.

7 Wilfred M. McClay, "The Idea of Change in American Politics:
   Meaningful Concept or Empty Promise?" *Heritage Foundation*, 30 de
   oct. de 2008, http://www.heritage.org/research/thought/fp21.cfm.

8 Eric Hoffer, *The True Believer: Thoughts on the Nature of Mass
   Movements* (New York: Perennial, 2002), 33.

9 Alexander Bolton, "GOP Preps for Talk Radio Confrontation,"
   The Hill, 27 de junio de 2007, http://thehill.com/leading-the
   -news/gop-preps-for-talk-radio-confrontation-2007-06-27.html.

10 Senate Bill 215, "Internet Freedom Preservation Act," auspi-
   ciado por Byron Dorgan, D-N.D. (para enmendar el Communi-
   cations Act de 1934 para establecer varios mandatos "neutrales"
   para los proveedores de servicios de banda ancha). Introducida
   el 9 de enero de 2007. http://www.govtrack.us/congress/bill.xpd
   ?bill=s110-215.

11 C. S. Lewis, *God in the Dock: Essays on Theology and Ethics*, ed. Walter Hooper (Grand Rapids, Mich.: Eerdmans, 1994), 292.

3: SOBRE LA FE Y LA FUNDACIÓN

1 Anthony Flew, *There Is a God: How the World's Most Notorious Atheist Changed His Mind* (New York: HarperCollins, 2007).

2 Edmund Burke, *Selected Writings and Speeches* (Washington, D.C.: Gateway, 1997).

3 Edmund Burke, "Speech on Impeachment of Warren Hastings," 28 de mayo de 1794, http://www.notable-quotes.com/b/burke_edmund.html.

4 Alexis De Tocqueville, *Democracy in America*, 4ta ed., vol. 2 (New York: Langley, 1841), 23.

5 Sharon Otterman, "Islam: Governing Under Sharia," de fondo, Council on Foreign Relations, 14 de marzo de 2005, http://www.cfr.org/publication/8034/#2.

6 *Everson v. Board of Ed. of Ewing*, 330 U.S. 1, 16 (1947).

7 *Everson v. Board of Ed. of Ewing*, 18.

8 Gerald T. Dunne, *Hugo Black and the Judicial Revolution* (New York: Simon & Schuster, 1977), 269, citando a Hugo Black, Jr., *My Father* (New York: Random House, 1975), 104.

9 *Wallace v. Jaffree*, 472 U.S. 38, 107 (1985) (Rehnquist, J., dissenting).

10 Thomas G. West, "The Theology of the United States," Claremont Institute, 1 de dic. de 2006, http://www.claremont.org/publications/pubid.30/pub_detail.asp.

11 George Washington, "Farewell Address to the People of the Uni-

ted States," in *The World's Famous Orations*, ed. William Jennings Bryan, vol. 8 (New York: Funk & Wagnalls, 1906), 100.

12 Barry Goldwater, "Goldwater's 1964 Acceptance Speech," Washingtonpost.com, 7 de dic. de 2008, http://www.washington post.com/wp-srv/politics/daily/may98/goldwaterspeech.htm.

4: SOBRE LA CONSTITUCIÓN

1 James Madison, "Letter to Henry Lee, 25 de junio de 1824," in *The Quotable Founding Fathers: A Treasury of 2,500 Wise and Witty Quotations from the Men and Women who Created America*, ed. Buckner F. Melton, Jr. (Dulles, Va.: Brassey's, 2004), 48.

2 Vea Howard Lee McBain, *The Living Constitution* (New York: Macmillan, 1927).

3 Thomas Jefferson, "Letter to Wilson Cary Nicholas, 7 de sept. de 1803," *Thomas Jefferson: Writings: Autobiography/Notes on the State of Virginia/Public and Private Papers/Addresses/Letters*, ed. Merrill D. Peterson (New York: Library of America, 1984), 1140.

4 La Novena Enmienda dice, "La enumeración en la Constitución de ciertos derechos no será interpretado para negar ni menospreciar otros retenidos por la gente". La Décima Enmienda dice: "Los poderes no delegados a Estados Unidos, ni prohibidos por este para los Estados, son reservados para los Estados respectivamente, o para la gente".

5 Deborah L. Rhode, "A Tribute to Justice Thurgood Marshall: Letting the Law Catch Up," *Stanford Law Review* 44 (1992), 1259.

6 Tim Wells, "A Conversation with Peter B. Edelman," *Washington Lawyer*, abril 2008, http://www.dcbar.org/for_lawyers/resources/publications/washington_lawyer/april_2008/legends.cfm.

7 Stephen Breyer, *Active Liberty: Interpreting Our Democratic Constitution* (New York: Knopf, 2005).

8 Clint Bolick, *David's Hammer: The Case for an Activist Judiciary* (Washington, D.C.: Cato Institute, 2007).

9 Discurso de Franklin D. Roosevelt como gobernador de New York, marzo 2, 1930, http://www.lexrex.com/enlightened/writings/fdr_address.htm.

10 Ibid.

11 Franklin D. Roosevelt, "State of the Union Message to Congress, 11 de enero de 1944," http://www.fdrlibrary.marist.edu/011144.html.

12 Ibid.

13 Ibid. (énfasis agregado).

14 Robin L. West, *Re-Imagining Justice: Progressive Interpretations of Formal Equality, Rights, and the Rule of Law* (Burlington, Vt.: Ashgate, 2003).

15 Ibid.

16 Bruce Ackerman, "Ackerman on Renewing the Promise of National Citizenship," 15 de marzo de 2005, blog del American Constitution Society for Law and Policy, http://www.acsblog.org/equality-and-liberty-ackerman-on-renewing-the-promise-of-national-citizenship.html.

17 U.S. Constitution, Decimocuarta Enmienda (énfasis agregado).

18 Michael W. McConnell, "Originalism and the Desegregation Decisions," *Virginia Law Review* 81 (mayo 1995), 947.

19 John Hinderaker, "What Liberals Want: A Progressive Conference on the Constitution Sheds Light on the Real Stakes Involved with the Judiciary," *Weekly Standard*, 19 de abril de 2005.

20 Cass R. Sunstein, *The Second Bill of Rights: FDR's Unfinished Rev-*

olution and Why We Need It More Than Ever (New York: Basic Books, 2004), 20–21.

21 Ralph Keyes, *The Quote Verifier: Who Said What, Where, and When* (New York: St. Martin's, 2006), 82.

22 "Interview with the Godfather: William F. Buckley, Jr., On Drugs, Universities, and the Future," *Yale Free Press*, marzo 2001, http://www.yale.edu/yfp/archives/01_3_buckley.html.

23 Mark R. Levin, *Men in Black: How the Supreme Court Is Destroying America* (Washington, D.C.: Regnery, 2005), 18–22.

24 Frederick Bastiat, *The Law* (Whitefish, Mont.: Kessinger, 2004), 6.

5: Sobre el federalismo

1 Rhode Island no envió una delegación.

2 U.S. Constitution, Décima Enmienda.

3 *New State Ice Co. v. Liebmann*, 285 U.S. 262, 311 (1932) (Brandeis, J., oponiéndose).

4 Vea capítulo 2 "On Prudence and Progress."

5 Un juicio de Landmark Legal Foundation obligó a la entonces gobernadora de Oregon, Barbara Roberts, quien declaró la medida "muerta al llegar" para implementar el programa JOBS-Plus aprobado por los votantes. Vea *Burke v. Roberts*, Case No. 92C-11310-1 (Marion County [Oregon] Circuit Court, 23 de sept. de 1993). Vea también Jeffrey Tryens, "Aligning Government Priorities with Societal Hopes and Expectations," testimonio ante la U.S. House of Representatives Committee on Government Reform and Oversight, Subcommittee on Government Management, Information and Technology, 31 de oct. de 1997, *Oregon's Progress Board Strategic Planning Model*, http://www.oregon.gov/

DAS/OPB/jttestim.shtml. Vea también Howard Rolston, John K. Maniha y Nancye Campbell, "Job Retention and Advancement in Welfare Reform," CCF Brief No. 18, Brookings Institution, marzo 2002, http://www.brookings.edu/papers/2002/03welfare_campbell.aspx.

6 Durante más de diez años Landmark Legal Foundation representó a la autora del Milwaukee Parental Choice Program, representante estatal de Wisconsin Annette "Polly" Williams, mientras defendía exitosamente su programa de elección escolar. Vea *Davis v. Grover*, 480 N.W.2d 460 (Wis. 1992) y *Jackson v. Benson*, 570 N.W.2d 407 (Wis. 1998). Estos casos fueron precursores a la decisión de la Corte Suprema de Estados Unidos en *Zelman v. Simmons-Harris* 536 U.S. 639 (2002), en donde Landmark también participó. Vea también Amanda Paulson, "Milwaukee's Lessons on School Vouchers," *Christian Science Monitor*, 23 de mayo de 2006, 1.

7 Joseph Henchman, "Momentum Builds to Repeal Maryland Computer Services Tax," Tax Foundation, blog de Tax Policy, 14 de marzo de 2008, http://www.taxfoundation.org/blog/show/23005.html; John Wagner, "Computer Services Firms Want Sales Tax Repealed," *Washington Post*, 9 de dic. de 2007, C05.

8 Joseph Henchman, "MD Computer Services Tax Repealed; GA Tax Plans Die," Tax Foundation, blog de Tax Policy, 8 de abril de 2008, http://www.taxfoundation.org/blog/show/23100.html.

9 U.S. Constitution, Decimoséptima Enmienda.

10 U.S. Constitution, Artículo I, § 8, cl. 3.

11 *Wickard v. Filburn*, 317 U.S. 111 (1942).

12 Ibid.

13 U.S. Department of Labor, Bureau of Labor Statistics, "Federal Government, Excluding the Postal Service," Career Guide to In-

dustries, 12 de marzo de 2008, http://www.bls.gov/oco/cg/cgs041.htm.

14 Lori Montgomery, "Congress Passes $3 Trillion Budget," *Washington Post*, 6 de junio de 2008, A03.

15 16 CFR 303 et seq. (2008).

16 21 CFR 700 a 740 (2008).

17 10 CFR 430.32 (2008).

18 16 CFR 632.1 et seq. (2008).

19 "LSU Libraries Federal Agencies Directory," Louisiana State University, 23 de julio de 2007, http://www.lib.lsu.edu/gov/fedgov.html.

20 Clyde Wayne Crews, Jr., "Ten Thousand Commandments 2007: An Annual Snapshot of the Federal Regulatory State," Competitive Enterprise Institute, 2000, 2.

21 David Keating, "A Taxing Trend: The Rise in Complexity, Forms, and Paperwork Burdens," NTU Policy Paper 124, National Taxpayers Union, abril 16, 2007, 3.

22 *Prigg v. Pennsylvania*, 41 U.S. 539 (1842).

23 *Dred Scott v. Sandford*, 60 U.S. 393 (1857).

24 Para una exposición útil de argumentos relacionados al federalismo y las preguntas de esclavitud, vea Ilya Somin, "Is Federalism Tainted by Slavery and Jim Crow?," dic. 26, 2006, Volokh Conspiracy, http://volokh.com/posts/1167177535.shtml.

25 U.S. Constitution, Artículo I, § 9.

26 U.S. Constitution, Artículo I, § 2.

27 U.S. Constitution, Artículo IV, § 2.

28 Declaración de Independencia.

29 David E. Bernstein, "Civil Rights Undermined by Antidiscrimination Laws," Foxnews.com, 4 de feb. de 2004, http://www.foxnews.com/story/0,2933,110482,00.html.

30 Vale la pena señalar que el apoyo republicano para que pase el Civil Rights Act de 1964 fue mucho más fuerte que el apoyo demócrata. En la Cámara de Representantes, el 80% (138–34) de los republicanos votaron por el proyecto de ley en comparación a solo el 61% (152–96) de los demócratas. Los votos a favor del Senado fueron del 82% (27º6) de republicanos y 69% (46-11) de demócratas. Vea *Congressional Record*, vol. 110, 18 de junio de 1964, 14319; *Congressional Record*, vol. 110, julio 2, 1964, 15894.

31 James Madison, Alexander Hamilton, y John Jay, *The Federalist Papers* (New York: Penguin, 1987).

6: Sobre el mercado libre

1 Karl Marx, *The Communist Manifesto* (New York: Penguin, 2002).

2 Scott A. Hodge, "News to Obama: The OECD Says The United States Has The Most Progressive Tax System," Tax Foundation, Tax Policy blog, 29 de oct. 29 de 2008, http://www.taxfoundation.org/blog/show/23856.html (análisis de los datos presentados en "Growing Unequal? Income Distribution and Poverty in OECD Countries," OECD Publishing, 2008).

3 Congressional Budget Office, "Historical Effective Federal Tax Rates: 1979–2005; Summary Table 1, Effective Tax Rates, 2004 and 2005," dic. 2007, http://www.cbo.gov/ftpdocs/88xx/doc8885/EffectiveTaxRates.shtml#1011537.

4 Saul D. Alinsky, *Rules for Radicals* (New York: Vintage, 1971), 184.

5 Ibid., 185.

6 Peter Slevin, "For Clinton and Obama, a Common Ideological Touchstone," *Washington Post*, 25 de marzo de 2007, http://

www.washingtonpost.com/wp-dyn/content/article/2007/03/24/
AR2007032401152.html.

7 James Wilson, *Works of the Honourable James Wilson, L.L.D.*
(Philadelphia: Lorenzo, 1804).

8 Howard Husock, "The Trillion-Dollar Shakedown That Bodes Ill
for Cities," *City Journal*, Invierno 2000, http://www.city-journal
.org/html/10_1_the_trillion_dollar.html.

9 Stan Liebowitz, "The Real Scandal," *New York Post*, 5 de feb. de
2008.

10 Ibid.

11 Ibid.

12 Howard Husock, "The Financial Crisis and the CRA," *City
Journal*, 30 de oct. de 2008, http://www.city-journal.org/2008/
eon1030hh.html.

13 Liebowitz, "The Real Scandal."

14 Husock, "The Financial Crisis and the CRA."

15 Ibid.

16 Editorial, "Fannie Mae's Patron Saint," *Wall Street Journal*, 10
de sept. de 2008; Joseph Goldstein, "Pro-Deregulation Schumer
Scores Bush For Lack of Regulation," *New York Sun*, 22 de sept.
22 de 2008; Robert Novak, "Crony Image Dogs Paulson's Rescue
Effort," *Chicago Sun Times*, 17 de julio de 2008.

17 Office of Federal Housing Enterprise Oversight, "Report of the Special Examination of Freddie Mac," dic. 2003, http://www.ofheo.gov/
media/pdf/specialreport122003.pdf; Office of Federal Housing Oversight, "Report of the Special Examination of Fannie Mae," mayo
2006, http://www.ofheo.gov/media/pdf/FNMSPECIALEXAM.PDF.

18 Lynnley Browning, "AIG's House of Cards," Portfolio.com, 28
de sept. de 2008, http://www.portfolio.com/news-markets/top-5/
2008/09/28/AIGs-Derivatives-Run-Amok.

19 Robert P. Murphy, "The Fed's Role in the Housing Bubble," Pacific Research Institute blog, http://liberty.pacificresearch.org/blog/id.271/blog_detail.asp.

20 Daniel Arnall y Alice Gomstyn, "Where Did Taxpayer Money Go? Panel Slams Treasury," ABC News 9 de enero de 2009. 25 de enero de 2009, http://abcnews.go.com/Business/Economy/story?id=6606296&page=1.

21 Matthew Karnitschnig, "Expanding the $700 Billion Bailout… to $1 Trillion," Deal Journal blog, Wall Street Journal, 13 de nov. de 2008, http://blogs.wsj.com/deals/2008/11/13/expanding-the-700-billion-bailoutto-1-trillion/; Dan Wilchins y Jonathan Stempel, "Citigroup Gets Massive Bailout," Reuters, 24 de nov. de 2008, http://www.reuters.com/article/ousiv/idUSTRE4AJ45G20081124?sp=true.

22 David Goldman, "Bailouts: $7 trillion and rising," Cnnmoney.com, 26 de nov. de 2008, http://cnnmoney.mobi/money/business/business/detail/108180/full;jsessionid=86F1E4FE7D60687998796168192A856A.

23 Barry Ritholtz, "Big Bailouts, Bigger Bucks," The Big Picture blog, 24 de enero de 2009, http://www.ritholtz.com/blog/2008/11/big-bailouts-bigger-bucks/.

24 Ibid.

25 "Economic Stimulus Package," CCH Tax Briefing, CCHgroup.com, 13 de feb. de 2008, http://tax.cchgroup.com/legislation/2008-stimulus-package.pdf.

26 United States Senate Committee on Banking, Housing and Urban Affairs, "Summary of the 'Housing and Economic Recovery Act of 2008,'" 17 de junio de 2008, http://banking.senate.gov/public/_files/HousingandEconomicRecoveryActSummary.pdf.

27 Jamie Dupree, "Just Some of the Economic Stimulus Bill," Jamie Dupree blog, 24 de enero de 2009, http://newstalkradiowhio.com/blogs/jamie_dupree/2009/01/just-some-of-the-economic-stim.html.

28 Editorial, "The Deficit Spending Blowout: The Looming Red Ink Is Unlike Anything In U.S. Peacetime History," *The Wall Street Journal*, 8 de enero de 2009: A14.

29 Rahm Emanuel, "Rahm Emanuel on the Opportunities of Crisis," WSJ.com video, 19 de nov. de 2008, http://online.wsj.com/video/rahm-emanuel-on-the-opportunities-of-crisis/3F6B9880-D1FD-492B-9A3D-70DBE8EB9E97.html.

30 "The Truth About Oil and Gasoline: An API Primer," American Petroleum Institute, 6 de junio de 2008, 9, http://www.energytomorrow.org/media/resources/r_454.pdf.

31 Editorial, "Our Thorny Oil Patch," *Investor's Business Daily*, 13 de marzo de 2008, A12.

32 Max Schulz, "Energy and the Environment: Myths and Facts," Manhattan Institute for Policy Research, 17 de abril de 2007, http://www.manhattan-institute.org/pdf/Energy_and_Environment_Myths.pdf.

33 "The Truth About Oil," 11.

34 Editorial, "Record Profits Mean Record Taxes," *Investor's Business Daily*, 12 de feb. de 2008, A10.

35 Steven Mufson, "Ethanol Industry Gets a Boost From Bush," *Washington Post*, 25 de enero de 2007, D01.

36 Matt Crenson, "Biofuels Boom Raises Tough Questions," Associated Press, 10 de marzo de 2007.

37 Joseph A. Schumpeter, *Capitalism, Socialism, and Democracy* (New York: Harper, 1975), 82–85.

38 James Sherk, "Auto Bailout Ignores Excessive Labor Costs," Web

Memo 2135, Heritage Foundation, 19 de nov. de 2008, http://www
.heritage.org/Research/Economy/wm2135.cfm?renderforprint=1.

39 Mickey Kaus, "Where Do Detroit's Inefficient Work Rules Come
From?" Kausfiles blog, *Slate*, 9 de dic. de 2008, http://www.slate
.com/blogs/blogs/kausfiles/archive/2008/12/12/where-do-unpro
ductive-work-rules-come-from.aspx.

40 Ibid.

41 Doug Bandow, "How Should America Cut Its Oil Dependency?"
Detroit News, 30 de nov. de 2007, 15A.

42 Eric Peters, "Cost Is No Object When It's For Our Own Good,"
post en línea, 20 de nov. de 2007, National Motorists Association, http://www.motorists.org/blog/cost-is-no-object-when-its-for
-our-own-good/.

43 Editorial, "The Environmental Motor Company," *Wall Street
Journal*, 19 de nov. de 2008, A20.

44 U.S. Department of Labor, Bureau of Labor Statistics, "Union
Members Summary," 25 de enero de 2008, http://www.bls.gov/
news.release/union2.nr0.htm.

45 George McGovern, "My Party Should Respect Secret Union Bal-
lots," *Wall Street Journal*, 8 ago. de 2008, A13.

46 Will Wilkinson, "Failure: For Our Future," Fly Bottle blog, 14 de
nov. de 2008, http://www.willwilkinson.net/flybottle/2008/11/14/
failure-for-our-future/.

47 Vea Adam Smith, *An Inquiry into the Nature and Causes of the
Wealth of Nations* (New York: Random House, 1994).

48 Vea Jim VandeHei, "Kerry Donors Include 'Benedict Arnolds,' "
Washington Post, 26 de feb. de 2004, A01.

49 Barack Obama, "The Democratic Debate in Cleveland, 26 de feb.
de 2008," transcript, *New York Times*, http://www.nytimes.com/
2008/02/26/us/politics/26text-debate.html?ref=politics.

50 Jacob Funk Kirkegaard, "Offshoring, Outsourcing, and Production—Relocation—Labor Market Effects in the OECD Countries and Developing Asia," Working Paper Series, Peterson Institute for International Economics, abril 2007, http://iie.com/publications/wp/wp07-2.pdf.

51 U.S. Department of Labor, Bureau of Labor Statistics. "Labor Force Statistics from Current Population Survey, Table 1, Employment Status of the Civilian Noninstitutional Population, 1942 to Date," http://www.bls.gov/cps/cpsaatl.pdf.

52 Ibid.

53 David Levey, U.S. Department of Commerce, International Trade Administration, "2006 Was a Record for U.S. Exporters," *Invest in America*, feb. 2007, http://www.trade.gov/press/publications/newsletters/ita_0207/2006_0207.asp; White House, Office of the Press Secretary, "Fact Sheet: United States and India: Strategic Partnership," 2 de marzo de 2006, http://www.whitehouse.gov/news/releases/2006/03/20060302-13.html.

54 U.S. Department of Commerce, International Trade Administration, "Impacts of FDI [Foreign Direct Investment]," *Invest in America*, http://ita.doc.gov/investamerica/impacts.asp.

55 Ibid.

56 Lawrence W. Reed, "Great Myths of the Great Depression," Mackinac Center for Public Policy, sept. 2005, http://www.mackinac.org/archives/1998/sp1998-01.pdf.

57 Ibid.

58 Ibid; Paul M. Johnson, *A History of the American People* (New York: HarperCollins, 1988), 740.

59 Ibid.

60 Amity Shlaes, "Don't Repeat Errors of New Deal," *New York Post*, 10 de nov. de 2008.

61 Reed, "Great Myths," 15.

62 Robert VanGiezen y Albert E. Schwenk, "Compensation from before World War I through the Great Depression," U.S. Department of Labor, Bureau of Labor Statistics, Compensation and Working Conditions, Otoño 2001, http://www.bls.gov/opub/cwc/cm20030124ar03p1.htm.

63 Meg Sullivan, "FDR's Policies Prolonged Depression by 7 Years, UCLA Economists Calculate," UCLA News, 10 de ago. de 2004. Vea también Harold L. Cole y Lee E. Ohanian, "New Deal Policies and the Persistence of the Great Depression: A General Equilibrium Analysis," Journal of Political Economy 112.4 (ago. 2004), 779–816.

64 Ibid.

65 George Allen, "Reagan Tax Cuts Lifted Americans," Town hall.com, 13 de ago. de 2007, http://townhall.com/Columnists/GeorgeAllen/2007/08/13/reagan_tax_cuts_lifted_americans.

66 Editorial, "Still Morning in America," Wall Street Journal, 20 de enero de 2006, A14.

67 Friedrich Hayek, The Road to Serfdom (Chicago: University of Chicago Press, 1994), 58.

68 Abraham Lincoln, "Reply to New York Workingmen's Democratic Republican Association, March 21, 1864," The Collected Works of Abraham Lincoln, ed. Roy P. Basler, vol. 7 (New Brunswick, N.J.: Rutgers University Press, 1990), 259–60.

7: SOBRE EL ESTADO BENEFACTOR

1 David Walker, "Long-Term Fiscal Outlook: Action Is Needed to Avoid the Possibility of a Serious Economic Disruption in the

Future," testimonio ante la Comisión de Prespuestos del Senado, Oficina General de Contabilidad, 29 de enero de 2008, http:// gao.gov/new.items/d08411t.pdf.

2 Ibid., 8.

3 Ibid., 17.

4 Henry Rogers Seager, *Social Insurance: A Program of Social Reform* (New York: Macmillan, 1910), 4–5.

5 Social Security Administration, "Henry Seager's 1910 Book on Social Insurance," http://www.ssa.gov/history/seager.html.

6 Geoffrey Kollmann, "Social Security: Summary of Major Changes in the Cash Benefits Program: 1935–1996," *Congressional Research Service*, 20 de dic. de 1996, http://www.ssa.gov/history/pdf/ crs9436.pdf.

7 Franklin D. Roosevelt, "Message to Congress Reviewing the Broad Objectives and Accomplishments of the Administration," 8 de junio de 1934, http://www.ssa.gov/history/fdrstmts.html #message1.

8 Arthur Schlesinger, Jr., *The Coming of the New Deal* (Boston: Houghton Mifflin, 1959), 308.

9 Milton Friedman, "Social Security Socialism," *Wall Street Journal*, 26 de enero de 1999, A18.

10 Social Security Administration, "Trust Fund FAQs," 3 de junio de 2008, http://www.ssa.gov/OACT/ProgData/fundFAQ.html.

11 Wilbur J. Cohen and Milton Friedman, *Social Security: Universal or Selective?* (Washington, D.C.: American Enterprise Institute, 1972), 36.

12 Social Security Administration, "65 Years of American Life: Social Security and Other Signs of the Times," *Oasis* 46.3 (2000), 13, http://www.ssa.gov/history/oasis/ann2000part4.pdf; Jo Anne Barnhart, testimonio ante el Social Security Subcom-

mittee, House Committee on Ways and Means, 17 de mayo de 2005, http://www.ssa.gov/legislation/testimony_051705.html; Social Security Administration, "SSI Federally Administered Payments," 2004, http://www.ssa.gov/policy/docs/statcomps/ssi_monthly/2004/table01.pdf.

13 Richard Wolf, "Social Security Hits First Wave of Boomers: Drain on the System Picks up in Jan., When Millions Born in '46 Start Taking Benefits," USA Today, 9 de oct. de 2007, 1A.

14 Helvering v. Davis, 301 U.S. 619, 635 (1937).

15 James Madison, "Letter to Edmund Pendleton, January 21, 1792," The Papers of James Madison, ed. Robert A. Rutland et al., vol. 14 (Charlottesville: University Press of Virginia, 1984).

16 Harry Truman, "Annual Message to the Congress on the State of the Union-January 7, 1948," http://www.c-span.org/executive/transcript.asp?cat=current_event&code=bush_admin&year=1948.

17 Lyndon B. Johnson, "Remarks with President Truman at the Signing in Independence of the Medicare Bill," 30 de julio de 1965, Lyndon Baines Johnson Library and Museum, http://www.lbjlib.utexas.edu/johnson/archives.hom/speeches.hom/650730.asp.

18 Ibid.

19 Larry DeWitt, "The Medicare Program as a Capstone to the Great Society—Recent Revelations in the LBJ White House Tapes," citando la grabación WH6503.11 de la Casa Blanca, Lyndon Baines Johnson Library and Museum, mayo 2003, http://www.larrydewitt.net/Essays/MedicareDaddy.htm.

20 U.S. Department of Health and Human Services, Centers for Medicare and Medicaid Services, "Your Medicare Benefits," agosto 2008, http://www.medicare.gov/Publications/Pubs/pdf/10116.pdf.

21 "Facts on Policy: Medicaid and Medicare Claims," Hoover Insti-

tution, de nov. de 2006, http://www.hoover.org/research/factson policy/facts/4680256.html.

22 Wolf, "Social Security hits first wave of boomers," 1A.

23 "2007 Annual Report of The Boards of Trustees of the Federal Hospital Insurance and Federal Supplementary Medical Insurance Trust Funds," http://www.cms.hhs.gov/reportstrustfunds/downloads/tr2007.pdf.

24 Greg D'Angelo y Robert E. Moffit, "Congress Must Not Ignore the Medicare Trustees' Warning," Web Memo 1869, Heritage Foundation, 26 de marzo de 2008, 1, citando Social Security and Medicare Boards of Trustees, "A Message to the Public—A Summary of the 2008 Annual Reports," 27 de marzo de 2008, http://www.heritage.org/Research/Healthcare/wm1869.cfm.

25 2007 Trustees Report.

26 "Facts on Policy: Medicaid and Medicare Claims," Hoover Institution, 21 de nov. de 2006, http://www.hoover.org/research/facts onpolicy/facts/4680256.html.

27 Congressional Budget Office, "The Long-Term Outlook for Health Care Spending: Appendix A—Medicare and Medicaid: An Overview," nov. 2007, http://www.cbo.gov/ftpdocs/87xx/doc8758/AppendixA.4.1.shtml#1070033.

28 "State Expenditure Report Fiscal Year 2006," National Association of State Budget Officers, Otoño 2007, 50, http://www.nasbo.org/Publications/PDFs/fy2006er.pdf.

29 Hoover Institution, "Facts on Policy: Medicare and Medicaid Claims."

30 Martha Derthick, *Policymaking for Social Security* (Washington, D.C.: Brookings Institution, 1979), 166.

31 Congressional Budget Office, "Long-Term Economic Effects of Some Alternative Budget Policies," 19 de mayo de 2008, 8–9,

http://www.cbo.gov/ftpdocs/92xx/doc9216/05-19-LongtermBudget
_Letter-to-Ryan.pdf.

32 Nancy Pelosi, "Statement on 'Cover the Uninsured Week,'" comunicado de prensa, 28 de abril de 2008, http://speaker.gov/ 30something/newsroom/pressreleases?id=0631.

33 Vea Carmen DeNavas-Walt, Bernadette D. Proctor y Cheryl Hill Lee, U.S. Census Bureau, "Income, Poverty, and Health Insurance Coverage in the United States: 2005," GPO, ago. 2006, 22 (Table 8), http://www.census.gov/prod/2006pubs/p60-231.pdf.

34 U.S. Department of Health and Human Services, "Overview of the Uninsured in the United States: An Analysis of the 2005 Current Population Survey," ASPE Issue Brief, HHS Office of the Assistant Secretary for Planning and Education, 22 de sept. de 2005, 4, http://aspe.hhs.gov/health/reports/05/uninsured-cps/ ib.pdf.

35 Conrad F. Meier, "Politicians Using Flawed Data of Uninsured Population," Heartland Institute, dic. 2004, http://www.heartland .org/policybot/results.html?artId=16014.

36 Daniel Martin, "A&E Patients Left in Ambulances for up to Five Hours 'So Trusts Can Meet Government Targets,'" Daily Mail, 18 feb. de 2008.

37 Ibid.

38 Celia Hall, "Patients Wait Year for Hip Surgery," Daily Telegraph, 21 de dic. de 2006.

39 Ibid.

40 Tom Leonard, "British Cancer Boy Needs £375,000 for Pioneering US Care," Daily Telegraph, 23 de enero de 2007.

41 Sarah-Kate Templeton, "NHS Dentists Play as Patients Wait," Times of London, 30 de marzo de 2008.

42 Sarah Lyall, "In a Dentist Shortage, British (Ouch) Do It Themselves," *New York Times*, 7 de mayo de 2006, http://www.nytimes.com/2006/05/07/world/europe/07teeth.html.

43 Laura Donnelly, "Don't Treat the Old and Unhealthy, Say Doctors," *Daily Telegraph*, 26 de sept. de 2008, http://www.telegraph.co.uk/news/uknews/1576704/Don't-treat-the-old-and-unhealthy,-say-doctors.html.

44 Steve Brusk, "Clinton Drops Hospital Story From Stump Speech," CNN.com, 6 de abril de 2008, http://www.cnn.com/2008/POLITICS/04/06/clinton.hospital/.

45 Editorial, "State Denies Cancer Treatment, Offers Suicide Instead," *WorldNetDaily*, 19 de junio de 2008, http://www.worldnetdaily.com/index.php?fa=PAGE.view&pageId=67565; Editorial, "Fix This Medical Ethics Glitch," *Oregonian*, 29 de julio de 2008.

46 Ibid.

47 Edmund Burke y Edward John Payne, *Select Works of Edmund Burke* (Clark, N.J.: Lawbook Exchange, 2005), 71.

48 Jeffery M. Jones, "Majority of Americans Satisfied with Their Healthcare Plans," Gallup, 29 de nov. de 2007, http://www.gallup.com/poll/102934/Majority-Americans-Satisfied-Their-Own-Healthcare.aspx.

49 Tom Daschle, *Critical: What We Can Do About the Health-Care Crisis* (New York: St. Martin's, 2008).

50 Tony Blankley, "Daschle-Obama Health Care Possibilities" (citando Daschle, 179), Townhall.com, 26 de nov. de 2008, http://townhall.com/columnists/TonyBlankley/2008/11/26/daschle-obama_health_care_possibilities.

51 Blankley, "Daschle-Obama," (citando Daschle, 125).

8: Sobre el estatismo ambiental

1 George Reisman, *Capitalism: A Treatise On Economics* (Ottawa, Ill.: Jameson, 1998), 81.

2 Gerald y Natalie Sirkin, "DDT, Fraud, and Tragedy," *American Spectator*, 25 de feb. de 2005, http://www.spectator.org/archives/2005/02/25/ddt-fraud-and-tragedy.

3 "The Nobel Prize in Physiology or Medicine 1948," Nobel Foundation, http://nobelprize.org/nobel_prizes/medicine/laureates/1948.

4 J. Gordon Edwards, "A Case Study in Scientific Fraud," *Journal of American Physicians and Surgeons*, 9.3 (2004).

5 Malcolm Gladwell, "The Mosquito Killer," *New Yorker*, 2 de julio 2001, 48.

6 Tina Rosenberg, "What the World Needs Now Is DDT," *New York Times*, 11 de abril de 2004.

7 National Academy of Sciences, *The Life Sciences* (Washington, D.C.: National Academy of Sciences Press, 1970).

8 Rachel Carson, *Silent Spring* (Boston: Houghton Mifflin, 1962).

9 Ronald Bailey, "*Silent Spring* at 40: Rachel Carson's Classic Is Not Aging Well," *Reason*, 12 de junio de 2002, www.reason.com/news/show/34823.html.

10 Rosenberg, "What the World Needs Now."

11 Gladwell, "The Mosquito Killer," 42.

12 David Brown, "WHO Urges Use of DDT in Africa," *Washington Post*, 16 de sept. de 2006, A9, http://www.washingtonpost.com/wp-dyn/content/article/2006/09/15/AR2006091501012.html.

13 Marjorie Mazel Hecht, "In Africa, DDT Makes a Comeback to Save Lives," *Executive Intelligence Review*, 18 de junio de 2004,

http://www.larouchepub.com/other/2004/sci_techs/3124ddt_africa
.html.

14 Steven Milloy, "Day of Reckoning for DDT Foes?" *Washington
Times*, 24 de sept. de 2006, http://www.washingtontimes.com/
news/2006/sep/24/20060924-085112-7380r/ quoting *In the Mat-
ter of Stevens Industries, Inc., et al., L.F. & R. Docket Nos. 63, et
al. (Consolidated DDT Hearings) Hearing Examiner's Recommended
Findings, Conclusions, and Orders*, 25 de abril de 1972: 93, 94.

15 Milloy, "Day of Reckoning."

16 Ibid.: Gerald y Natalie Sirkin, "Highlights of the Sierra Club's
History," *Sierra Club*, www.sierraclub.org/history/timeline.asp;
"25 Years After DDT Ban, Bald Eagles, Osprey Numbers Soar,"
Environmental Defense Fund, comunicado de prensa, 13 de junio
de 1997, www.edf.org/pressrelease.cfm?contentID=2446.

17 Lauren Neergaad, "WHO Calls for More DDT Use vs. Malaria," CBS News, 15 de sept. de 2006, http://www.cbsnews.com/
stories/2006/09/15/ap/health/mainD8K5C8QG1.shtml.

18 Todd Seavey, "The DDT Ban Turns 30—Millions Dead of Malaria Because of Ban, More Deaths Likely," American Council
on Science and Health, 1 de junio de 2001, http://www.acsh.org/
healthissues/newsID.442/healthissue_detail.asp.

19 Ibid.

20 "No Compromise in Defense of Mother Earth," *Earth First! Journal*, http://www.earthfirstjournal.org/section.php?id=1&PHPSES
SID=fe1e40acb1646466cd78cf4c8fc90415.

21 David M. Graber, "Mother Nature as a Hothouse Flower; The
End of Nature by Bill McKibben," reseña de libro, *Los Angeles
Times*, 22 de oct. de 1989, 9.

22 Marc Morano, "Flush Toilets Called 'Environmental Disaster,' "

Cybercast News Service, 12 de junio de 2003, http://www.cns news.com/public/content/article.aspx?RsrcID=5615.

23 "Greenpeace Exhibits Bulb Innovations for the Climate at the Philips Innovation Centre," Greenpeace, comunicado de prensa, 29 de junio de 2007, http://www.greenpeace.org/india/press/ releases/greenpeace-exhibits-bulb-innov.

24 Helen Kennedy, "Rumsfeld Goes on the Warpath, Ready to Whip N. Korea, Too," *Daily News* (New York), 24 de dic. de 2002, 3.

25 Keith Bradsher, "As Asia Keeps Cool, Scientists Worry About the Ozone Layer," *New York Times*, 23 de feb. de 2007, C1.

26 Molly Millett, "Coming Clean; Green Machines—New Washers That Use Less Water and Energy—Get the Guilt Out. But They're Not Cheap," *Saint Paul Pioneer Press*, 4 de nov. de 2000, E1.

27 Laura Snider, "Gas Lawn Mowers Belch Pollution, New Electric Lawn Service Comes to Boulder," *Daily Camera* (Boulder, Colo.), 27 de julio de 2007, http://www.dailycamera.com/news/2007/jul/ 27/gas-lawn-mowers-belch-pollution/; Patricia Monahan, "Mow Down Pollution," *Pittsburgh Tribune-Review*, 28 de mayo de 2006, http://www.pittsburghlive.com/x/pittsburghtrib/search/s_455613 .html; Matthew L. Wald, "Keep the Charcoal Off the Grill, Utilities Say," *New York Times*, 29 de mayo de 1994.

28 Editorial, "Dems' Energy Answer: Snake Oil," *Investor's Business Daily*, 27 de nov. de 2006, A19.

29 Charli E. Coon, "Why the Government's CAFE Standards for Fuel Efficiency Should Be Repealed, Not Increased," Backgrounder 1458, Heritage Foundation, 11 de julio de 2001, http://www .heritage.org/Research/EnergyandEnvironment/BG1458.cfm.

30 Robert W. Crandall y John D. Graham, "The Effect of Fuel Econ-

omy Standards on Automobile Safety," 32 *Journal of Law and Economics* 97 (enero 1989), 118.

31 Julie DeFalco, "The Deadly Effects of Fuel Economy Standards: CAFE's Lethal Impact on Auto Safety," Competitive Enterprise Institute, junio 1999, http://cei.org/PDFs/cafe2.pdf.

32 James R. Healey, "Death by the Gallon," *USA Today*, 2 de julio de 1999, B1.

33 Paul R. Portney et al., *Effectiveness and Impact of Corporate Average Fuel Economy (CAFE) Standards* (Washington, D.C.: National Academy, 2002), 3. Vea también Paul R. Portney et al., "Statement before U.S. Senate Committee on Commerce, Science, and Transportation and Committee on Energy and Natural Resources Aug. 2, 2001," http://www7.nationalacademies.org/ocga/testimony/Fuel_Economy_Standards.asp.

34 John Adams, *The Works of John Adams, Second President of the United States: With a Life of the Author, Notes and Illustrations*, vol. 6 (Boston: Little, Brown, 1851), 9.

35 Ronald D. Utt, "Will Sprawl Gobble Up America's Land? Federal Data Reveal Development's Trivial Impact," Backgrounder 1556, Heritage Foundation, 30 de marzo de 2002, http://www.heritage.org/Research/SmartGrowth/BG1556.cfm.

36 Ibid.

37 Victor Cohen, "U.S. Scientist Sees New Ice Age Coming," *Washington Post*, 9 de julio de 1971, A4.

38 "Another Ice Age," *Time*, 24 de junio de 1974. (Profesor Reid, quien es considerado el padre de la climatología moderna, repudió públicamente sus predicciones de "enfriamiento global" y se convirtió en un líder entre los científicos que critican la difusión del miedo relacionado al calentamiento global hecho por el hom-

bre. Vea Steven H. Schneider, "Against Instant Books," *Nature*, dic. 22/29, 1977, 650.)

39 Peter Gwynne, "The Cooling World," *Newsweek*, 28 de abril de 1975.

40 Sharon Begley, "Global Warming Is a Cause of This Year's Extreme Weather," *Newsweek*, 7 de julio de 2008. http://www.newsweek.com/id/143787/output.

41 Richard Lindzen, "Global Warming Debate Is More Politics Than Science, According to Climate Expert," *Environment & Climate News* (Heartland Institute), 1 de nov. de 2004, http://www.heartland.org/Article.cfm?artId=15893.

42 Alex Massie y Toby Harnden, "World 'At Tipping Point Over Global Warming," *Daily Telegraph* (London), 17 de feb. de 2007, 15.

43 Phil McKenna, "Al Gore Rallies US Congress Over Climate," *New Scientist*, 22 de marzo de 2007, http://environment.newscientist.com/channel/earth/dn11437.

44 Scott Shepard, "A Push for 'Green Conservatism'; Gingrich, Like Kerry, Backs Global Warming Action," *Atlanta Journal-Constitution*, 11 de abril de 2007, A9.

45 Ibid.

46 David Roach, "Gore Cites Political Will, Claims Scriptural Mandate on Environmental Issues," *Baptist Press*, 31 de enero de 2008, http://www.bpnews.net/printerfriendly.asp?ID=27293.

47 Transcripción, *Today* show, NBC News, 5 de nov. de 2007.

48 Brian Montopoli, "Scott Pelley and Catherine Herrick on Global Warming Coverage," Public Eye blog, 23 de marzo de 2006, CBSNews.com, http://www.cbsnews.com/blogs/2006/03/22/publiceye/entry1431768.shtml.

49 Robert James Bidinotto, "Environmentalism: Freedom for the 90s," *Freeman Ideas on Liberty*, 11 de nov. de 1990.

50 Ronald Bailey, "Who Is Maurice Strong?" *National Review*, 1 de sept. de 1997.

51 Michael E. Mann, Raymond S. Bradley, and Malcolm K. Hughes, "Northern Hemisphere Temperatures During the Past Millennium: Inferences, Uncertainties, and Limitations," *Geophysical Research Letters* 26 (1999), 759–62.

52 Thomas Hayden, "Science: Fighting Over a Hockey Stick," *U.S. News & World Reports*, 14 de julio de 2005, http://www.usnews.com/usnews/culture/articles/050714/14climate.htm; "Climate Change 2001: The Scientific Basis," esp. capítulo 2, Intergovernmental Panel on Climate Change, http://www.ipcc.ch/ipcc reports/tar/wg1/pdf/TAR-02.PDF.

53 Edward J. Wegman, David W. Scott y Yasmin H. Said, "Ad Hoc Committee Report on the Hockey Stick Global Climate Reconstruction," 11 de julio de 2006, http://www.climateaudit.org/pdf/others/07142006_Wegman_Report.pdf.

54 Edward J. Wegman, testimonio ante el House Committee on Energy and Commerce, 27 de julio de 2006, 3, http://www.urban-renaissance.org/urbanren/publications/Wegman%5B1%5D.pdf.

55 Lubos Motl, "Vaclav Klaus on Global Warming," Reference Frame blog, 10 de feb. de 2007, (traducción de la entrevista en *HarspdarskeNoviny*, 8 de feb. de 2007), http://epw.senate.gov/public/index.cfm?FuseAction=Minority.Blogs&ContentRecord_id=B6CD7713-802A-23AD-4AAF-A2D2ADDB287F.

56 James M. Taylor, "IPCC Author Selection Process Plagued by Bias, Cronyism: Study," *Environment & Climate News* (Heartland Institute, sept. 2008.

57 Ibid.

58 "Climate Change 2007: Synthesis Report, Summary for Poli-
    cymakers," Intergovernmental Panel on Climate Change, nov.
    12/17, 2007.

59 Ibid.

60 S. Fred Singer y Dennis T. Avery, *Unstoppable Global Warming:
    Every 1,500 Years* (New York: Rowman & Littlefield, 2007).

61 Tim Ball y Tom Harris, "New Findings Indicate Today's Green-
    house Gas Levels Not Unusual," *Canada Free Press*, 14 de mayo
    de 2007, http://www.canadafreepress.com/2007/global-warming
    051407.htm.

62 Lawrence Solomon, "Limited Role for CO2, The Deniers—
    Part X," *National Post* (Canada), 28 de nov. de 2006, http://www
    .nationalpost.com/story.html?id=069cb5b2-7d81-4a8e-825d-56e
    0f112aeb5&k=0.

63 Dudley J. Hughes, "Carbon Dioxide Levels Are a Blessing, Not
    a Problem," *Environment & Climate News* (Heartland Institute),
    1 de mayo de 2007, http://www.heartland.org/policybot/results
    .html?articleid=20952.

64 National Oceanic and Atmospheric Administration, "Green-
    house Gases Frequently Asked Questions," 1 de dic. de 2005,
    http://lwf.ncdc.noaa.gov/oa/climate/gases.html; "The *Real* In-
    convenient Truth," Junkscience.com, ago. 2007, http://www
    .junkscience.com/Greenhouse/.

65 Casey Lartigue y Ryan Balis, "The Lieberman-Warner Cap and
    Trade Bill: Quick Summary and Analysis," National Policy
    Analysis No. 570, National Center for Public Policy Research,
    junio 2008, http://www.nationalcenter.org/NPA570.html.

66 Vea "Earth's 'Fever' Breaks: Global COOLING Currently Under

Way," Inhofe EPW Press blog, 27 de feb. de 2008, U.S. Senate Committee on Environment and Public Works, http://epw.senate.gov/public/index.cfm?FuseAction=Minority.Blogs&ContentRecord_id=5CEAEDB7-802A-23AD-4BFE-9E32747616F9.

67 Phil Chapman, "Sorry to Ruin the Fun, But an Ice Age Cometh," *Australian*, 23 de abril de 2008, 14.

68 James Hansen, "Global Warming Twenty Years Later: Tipping Points Near," 24 de junio de 2008, http://www.columbia.edu/~jeh1/2008/TwentyYearsLater_20080623.pdf.

69 Christopher Booker, "The World Has Never Seen Such a Freezing Act," Telegraph.co.uk, 16 de nov. de 2008, http://www.telegraph.co.uk/opinion/main.jhtml?xml=/opinion/2008/11/16/do1610.xml.

70 William W. Beach et al., "The Economic Costs of the Lieberman-Warner Climate Change Legislation," Heritage Center for Data Analysis Report No. 08-02, Heritage Foundation, 12 de mayo de 2008.

71 David Derbyshire, "Every Adult in Britain Should Be Forced to Carry 'Carbon Ration Cards,' Say MPs," *Daily Mail*, 27 de mayo de 2008.

72 California Energy Commission, "2008 Building Energy Efficiency Standards for Residential and Nonresidential Buildings," Commission Proposed Standards nov. 2007, http://www.energy.ca.gov/2007publications/CEC-400-2007-017/CEC-400-2007-017-45DAY.PDF.

73 U.S. Environmental Protection Agency, "Regulating Greenhouse Gas Emissions Under the Clean Air Act," Advanced Notice of Rulemaking 30 de julio de 2008, http://www.epa.gov/fedrgstr/EPA-AIR/2008/July/Day-30/a16432a.pdf.

74 John Brignell, "A Complete List of Things Caused by Global

Warming," *Numberwatch*, 16 de julio de 2008, http://www.number
watch.co.uk/warmlist.htm"; "Over 500 Things Caused by Global Warming," Church of Global Warming, http://churchof
globalwarming.com/index.php?option=com_content&task=view
&id=50&Itemid=1.

75 Jonathan H. Adler, "Stand or Deliver: Citizen Suits, Standing,
and Environmental Protection," *Duke Environmental Law and
Policy Forum* 12 (Otoño 2001) 39, 42.

76 Sierra Club Awards," Sierra Club, http://www.sierraclub.org/
awards/descriptions.

77 *Massachusetts v. EPA*, 549 U.S. 497 (2007).

78 Mark P. Mills, "Brownout," *Forbes*, 5 de junio de 2008, http://
www.forbes.com/forbes/2008/0630/038.html.

79 Ibid.

80 Ibid.

81 Ibid.

82 Ibid.

83 Thomas Friedman, *The Colbert Report*, transcript, *Comedy Central*, 20 de nov. de 2008.

9: Sobre la inmigración

1 Edward J. Erler, Thomas G. West y John Marini, *The Founders on
Citizenship and Immigration: Principles and Challenges in America*
(Lanham, Md.: Rowman & Littlefield, 2007).

2 Otis Graham, "A Vast Social Experiment," informe del foro, *Neg-
ative Population Growth*, 2005, http://www.npg.org/forum_series/
socialexp.html.

3 William McGowan, "The 1965 Immigration Reforms and the

New York Times: Context, Coverage, and Long-Term Consequences," Center for Immigration Studies, aogosto 2008 (citing Graham; *Congressional Digest,* May 1965, p. 152), http://www.cis.org/articles/2008/back908.pdf.4 Graham (quoting William Miller, *New York Times,* Sept. 8, 1964, p. 14).

5 "Three Decades of Mass Immigration," Center for Immigration Studies, sept. 1995, http://www.cis.org/articles/1995/back395.html.

6 Ibid.

7 Steven Malenga, "How Unskilled Immigrants Hurt Our Economy," *City Journal,* Verano 2006, http://www.city-journal.org/html/16_3_immigrants_economy.html.

8 Edwin Meese, "An Amnesty by Any Other Name..." comentario, Heritage Foundation, 25 de mayo de 2006, http://www.heritage.org/press/commentary/ed052406a.cfm.

9 Theodore H. White, *America in Search of Itself: The Making of the President 1956–1980* (New York: Warner, 1982).

10 David G. Gutierrez, *Walls and Mirrors: Mexican Americans, Mexican Immigrants, and the Politics of Ethnicity* (Berkeley: University of California Press, 1995).

11 Steve Sailer, "Cesar Chavez, Minuteman," *American Conservative,* 27 de feb. de 2006.

12 Samuel Lubell, *The Future of American Politics,* 3rd ed. (New York: Harper Colophon, 1965).

13 Vea "2004 National Election Pool Exit Polls," CNN.com, http://www.cnn.com/ELECTION/2004/pages/results/states/US/P/00/epolls.0.html; "2008 National Election Pool Exit Polls," CNN.com, http://www.cnn.com/ELECTION/2008/results/polls/#USP00p1.

14 U.S. Constitution, Fourteenth Amendment (énfasis agregado).

15 Steven A. Camarota, "Immigrants in the United States, 2007," Backgrounder 1007, Center for Immigration Studies, nov. 2007, http://www.cis.org/articles/2007/back1007.pdf.

16 Jeffrey S. Passel, "Estimates of the Size and Characteristics of the Undocumented Population," Pew Hispanic Center, 21 de marzo de 2005, http://pewhispanic.org/files/reports/44.pdf.

17 U.S. Census Bureau, "Facts for Features, Hispanic Heritage Month 2008: 15 de sept. a 15 de oct.," 8 de sept. de 2008, http://www.census.gov/Press-Release/www/releases/archives/cb08ff-15.pdf.

18 Robert J. Samuelson, "Importing Poverty," *Washington Post*, 5 de sept. de 2007, A21.

19 Ibid.

20 Heather Mac Donald, "Hispanic Family Values?" *City Journal*, Otoño 2006, http://www.city-journal.org/html/16_4_hispanic_family_values.html.

21 Camarota, "Immigrants."

22 Richard Fry y Felisa Gonzales, "One-in-Five and Growing Fast: A Profile of Hispanic Public School Students," Pew Hispanic Center, 26 de ago. de 2008, http://pewhispanic.org/files/reports/92.pdf.

23 U.S. Census Bureau, "2007 American Community Survey: Selected Social Characteristics in the United States: 2005–2007," http://factfinder.census.gov/servlet/ADPTable?_bm=y&-geo_id=01000US&-qr_name=ACS_2007_3YR_G00_DP3YR2&-ds_name=ACS_2007_3YR_G00_&_lang=en&-_sse=on.

24 Robert J. Samuelson, "Build a Fence—And Amnesty," *Washington Post*, 8 de marzo de 2006, A19.

25 Robert Rector, "Amnesty and Continued Low-Skill Immigration Will Substantially Raise Welfare Costs and Poverty," Back-

grounder 1936, Heritage Foundation, 16 de mayo de 2006, http://
www.heritage.org/Research/Immigration/bg1936.cfm.

26 Jacob L. Vigdor, "Measuring Immigrant Assimilation in the
United States," *Manhattan Institute Civic Report*, mayo 2008,
http://www.manhattan-institute.org/pdf/cr_53.pdf.

27 George Washington, "Farewell Address to the People of the
United States," *The World's Famous Orations*, ed. William Jennings Bryan, vol. 8 (New York: Funk & Wagnalls, 1906), 90.

28 Samuel P. Huntington, "The Hispanic Challenge," *Foreign Policy*,
marzo–abril 2004.

29 St. Augustine, *City of God* (New York: Penguin, 1984).

30 Alexis de Tocqueville, *Democracy in America* (New York: Penguin, 2003).

31 John Perazzo, "Hillary's Open Borders Disgrace," FrontPage
Magazine.com, 24 de abril de 2007, http://www.frontpagemag
.com/Articles/Read.aspx?GUID=473b1006-dea4-4340-b1a2-ac
0838de5714.

32 Ibid.

33 Interview con Juan Hernandez, *Nightline*, ABC News, 7 de junio
de 2001.

34 Thomas Sowell, "Border Scheme Built On Fraud, Empty Prom-
ises," *Baltimore Sun*, 14 de junio de 2007, 23A.

35 Mark Krikorian, "Jobs Americans Won't Do," *National Review
Online*, 7 de enero de 2004, http://www.nationalreview.com/
comment/krikorian200401070923.asp.

36 Steve Hanke, "Mexico Mimics Yugoslavia," *National Post's Financial Post & FP Investing* (Canada) 21 de abril de 2006, FP19.

37 George J. Borjas, "Increasing the Supply of Labor Through Immigration, Measuring the Impact on Native-born Workers,"

Center for Immigration Studies, mayo 2004, http://www.cis.org/articles/2004/back504.pdf.

38 Lee Cary, "When Illegal Immigration Trends Converge," *American Thinker*, 24 feb. de 2008, http://www.americanthinker.com/2008/02/when_illegal_immigration_trend.html.

39 Peter Brimelow, "Milton Friedman at 85," *Forbes*, 29 de dic. de 1997, 52.

40 Louis Uchitelle, "Plan May Lure More to Enter U.S. Illegally, Experts Say," *New York Times*, 9 de enero de 2004, A12.

41 Robert Rector y Christine Kim, "The Fiscal Costs of Low-Skill Immigrants to the U.S. Taxpayer," Special Report 14, Heritage Foundation, 21 de mayo de 2007, http://www.heritage.org/Research/Immigration/upload/sr_14.pdf.

42 Cary, "When Illegal Immigration Trends Converge," citando Eugene McCarthy, *A Colony of the World: The United States Today: America's Senior Statesman Warns His Countrymen* (New York: Hippocrene, 1992), 71.

43 U.S. Department of Justice, "National Youth Gang Survey 1999–2001," Office of Justice Programs, Office of Juvenile Justice and Delinquency Prevention, National Youth Gang Center, julio 2006, http://www.ncjrs.gov/pdffiles1/ojjdp/209392.pdf.

44 Chris Swecker (FBI Criminal Investigative Division), testimonio ante el Subcommittee on the Western Hemisphere, House International Relations Committee, 20 de abril de 2005, http://www.fbi.gov/congress/congress05/swecker042005.htm.

45 Government Accountability Office, "Information on Criminal Aliens Incarcerated in Federal and State Prisons and Local Jails," 7 de abril de 2005, 2–3, http://www.gao.gov/new.items/d05337r.pdf.

46 Ibid., 1.

47 Madeleine Pelner Cosman, "Illegal Aliens and American Medicine," *Journal of American Physicians and Surgeons* 10.1 (Spring 2005), 6, http://www.jpands.org/vol10no1/cosman.pdf.

48 Ibid.

49 Ibid.

50 William Harms, "Lomnitz: Understanding History of Corruption in Mexico," *University of Chicago Chronicle* 15.6, 27 de nov. de 1995, http://chronicle.uchicago.edu/951127/lomnitz.shtml.

51 La cita original en español dice: "He afirmado con orgullo que la Nación Mexicana se extiende más allá de sus fronteras y que los migrantes mexicanos son una parte importante de ella." Ernesto Zedillo, "Mensaje del presidente de México, Dr. Ernesto Zedillo Ponce de León, en la cena ofrecida con motivo de la Conferencia Anual del Consejo Nacional de la Raza," sitio web del presidente de la nación Mexicana, 23 de julio de 1997, http:// zedillo.presidencia.gob.mx/pages/disc/jul97/23jul97-2.html.

52 "Results of poll of U.S., Mexican citizens," United Press International, 12 de junio de 2002.

53 Heather Mac Donald, "Mexico's Undiplomatic Diplomats," *City Journal*, Otoño 2005, 28–41, http://www.city-journal.org/ html/15_4_mexico.html.

54 Ibid.

55 Ibid.

56 Ibid.

57 Rene Romo, "Kemp Touts Self-Sufficiency in N.M.," *Albuquerque Journal*, 25 de oct. de 1996, A1.

58 Alexander Hamilton, *The Works of Alexander Hamilton*, vol. 8 (New York: Putnam, 1904), 289.

59 Ibid.

60 Robert Rector, "Senate Immigration Bill Would Allow 100 Million New Legal Immigrants over the Next Twenty Years," Web Memo 1076, Heritage Foundation, 15 de mayo de 2006, www .heritage.org/research/immigration/wm1076.cfm.

10: SOBRE EL INSTINTO DE SUPERVIVENCIA

1 James Madison, Alexander Hamilton y John Jay, *The Federalist Papers*, ed. Isaac Kramick (New York: Penguin, 1987), 98–99.

2 U.S. Constitution, Article I, Section 8.

3 Vea S. E. Forman, *A Brief History of the American People* (New York: Century, 1922), 155–56; Adrienne Koch, *Jefferson & Madison—The Great Collaboration* (New York: Knopf, 1950), 141–42; George Washington, "Farewell Address to the People of the United States," *The World's Famous Orations*, ed. William Jennings Bryan, vol. 8 (New York: Funk & Wagnalls, 1906).

4 Washington, "Farewell Address," 94.

5 George Washington, "First Annual Message to Congress," 8 de enero de 1790, http://avalon.law.yale.edu/18th_century/washs01 .asp.

6 George Washington, "Fifth Annual Message to Congress," 3 de dic. de 1793, http://avalon.law.yale.edu/18th_century/washs05 .asp.

7 Thomas G. West, "The Progressive Movement and the Transformation of American Politics," post en línea, Heritage Foundation, 18 de julio de 2007, http://www.heritage.org/research/ though/fp12.cfm.

8 Colleen A. Sheehan, *Friends of the Constitution: Writings of the "Other" Federalists, 1787–1788*, ed. Colleen A. Sheehan y Gary L. McDowell (Indianapolis: Liberty Fund, 1998). (Post en la edición en línea del discurso de James Wilson al Pennsylvania State House, 6 de oct. de 1787), *Online Library of Liberty*, http://oll.libertyfund.org/title/2069/156165.

9 George Will entrevista con William F. Buckley, Jr., *This Week with George Stephanopoulos*, transcripción, ABC News, 9 de oct. de 2005, http://abcnews.go.com/ThisWeek/TheList/story?id=1197559.

10 George Will, "A War Still Seeking a Mission," *Washington Post*, 11 de sept. de 2007, A17.

11 Barack Obama, "The American Moment: Remarks to the Chicago Council on Global Affairs," BarackObama.com, 23 de abril de 2007, http://www.barackobama.com/2007/04/23/the_american_moment_remarks_to.php.

12 Barack Obama, "Speech, Berlin Germany," transcripción, ABC News, 24 de julio de 2008, http://abcnews.go.com/Politics/Vote2008/story?id=5442292&page=.

13 Partick Goodenough, "U.S. Expected to Reverse Course on United Nations," CNSNews.com, 7 de nov. de 2008, http://www.cnsnews.com/public/content/article.aspx?RsrcID=38988.

14 Michael T. Klare, "Obama's Energy Challenge," TheNation.com, 10 de nov. de 2008, http://www.thenation.com/doc/20081124/klare.

15 Editorial, "Would Democrats Waterboard Atta?" *Investor's Business Daily*, 12 de dic. de 2007, http://www.ibdeditorials.com/IBDArticles.aspx?id=282355009929237.

16 Vea Mark R. Levin, "The Outrage of *Hamdan*," And Another

Thing blog, 29 de junio de 2006, *National Review Online*, http://
levin.nationalreview.com/post/?q=ZDY0NThhMDc5OGYzOW
M3MzFhYTQxNTYzNzEyZDJiYjQ.

17 Andrew C. McCarthy, "The Patriot Act Under Siege," post en
    línea, 13 de nov. de 2003, *National Review Online*, 8 de dic. de
    2008 http://www.nationalreview.com/comment/mccarthy200311
    130835.asp.

18 *Korematsu v. United States*, 323 U.S. 214 (1944).

19 Jen Christensen, "FBI Tracked King's Every Move," CNN.com,
    7 de abril de 2008, http://www.cnn.com/2008/US/03/31/mlk.fbi
    .conspiracy/index.html.

20 "Echelon; Worldwide Conversations Being Received by the
    Echelon System May Fall into the Wrong Hands and Innocent
    People May Be Tagged As Spies," transcripción, *60 Minutes*, 27
    de feb. de 2000, *Cryptome*, 2 de marzo de 2000, http://cryptome
    .info/echelon-60min.htm.